겨레시인 성재경 일곱 번째 애국시집 청산리대첩 영웅

백야
김좌진

겨레시인 성재경 일곱 번째 애국시집 청산리대첩 영웅

백야 김좌진

성재경 지음

도서출판 **여름**

추천사

김을동
(백야 김좌진장군기념사업회 이사장)

먼저, 성재경 시인의 시집 '백야 김좌진 장군'의 발간을 존경의 맘을 담아 축하드립니다.

그동안 백야 김좌진 장군에 관한 연구서와 평전, 어린이와 청소년용 위인전 등 많은 도서가 발간 된 바 있으나 시집으로 출간되는 것은 처음으로 알고 있습니다. 물론, 단편으로 발표된 시는 있지만 책 전체가 '백야'에 관한 내용으로 채워진 경우는 없었습니다. 그런 점에서 이번 성재경 시인의 시집은 참으로 뜻깊고 후손으로서 고맙게 생각합니다.

제가 시에 대해 아는 바가 없지만 한 편의 시를 쓰기 위해서는 시어 하나, 문구 한 줄을 위해 시인은 엄청난 고뇌와 퇴고를 거듭한다 들었습니다. 하물며 이 많은 시편을 완성하기 위해서 몇 년에 걸쳐 어쩌면 시인 스스로가 김좌진 장군이 되기도 했을 것이고, 가족, 동료 등 숱한 사람의 입장이 되어 김좌진 장군을 바라봤을 것입니다. 그리고 김좌진 장군의 행적을 더듬고 또 더듬었을 것입니다. 거기에 기울인 노력을 어찌 양으로 잴 수 있겠습니까? 그 인고의 시간에 대해서 경의를 표합니다.

제가 알기로는 성재경 시인은 이순신을 비롯하여 안중근, 김구, 유관순, 윤봉길 등 많은 선열 영웅들에 대해서도 이미 시집을 발표한 바 있는 민족시인으로 잘 알려진 분입니다. '문학'의 범주 안에서 많은 유파의 작품들이 발표되고, 개인의 성향에 따라 경향성을 갖는 것은 당연한 현상이라 하겠지만 거의 전 작품집이 이렇듯 애국선열들의 행적과 업적을 선양하고 기억하고자 일관한 작가는 흔치 않으리라 여겨집니다. 그런 점에서 작품의 무게를 논하기 전에 존경스럽기까지 한 성재경 시인의 행적은 앞으로도 두고두고 회자되리라 확신해 마지않습니다.

성재경 시인 개인적으로 이런 작업이 언제까지, 그리고 누구까지를 대상으로 '백·천·만인보'를 완성할 것이냐에 대한 것은 온전히 작가의 몫이겠지만, 이번 시집을 통해 개인만이 아닌 '북만주 무장 독립운동'의 현장을 전반적으로 관조해보기는 처음일 듯도 싶어 이 시집이 단순히 작가의 연보에 한 줄 기록으로 남겨지는 저술 숫자만큼만 의미를 갖지는 않을 것이란 생각이 듭니다. 그리고 우리 민족 항일무장투쟁의 상

징 '청산리대첩'과 그 주인공인 백야 김좌진을 비롯한 북로군정서 대원들의 신산의 삶과 의지와 애국심이 녹아있는 이 시집을 기점으로 더 큰 안목의 애국 민족시로 나아가고 승화시키는 계기로 삼아도 좋을 듯합니다.

성재경 시인을 지칭하는 것이 아니지만 사실, 일반적으로 시인들의 문학적 광휘에 비해 삶 자체가 거기에 비례하지 못하다는 사실은 익히 알려져 있습니다. 그럼에도 이런 작업을 지속하는 시인이야말로 자신의 안일과 일상의 평온을 포기하고 대의와 명분을 위해 기꺼이 목숨마저 광복의 전선에 바친 독립투사들의 모습과 다름없다는 점에서 독자로서 참 송구스럽단 생각이 듭니다. 이 시집도 물론, 시집 자체만으로도 물질로 환산할 수 없는 가치를 지니고 있으나 독자 제위들의 관심과 사랑이 가미될수록 더 큰 가치로 드러나리라 여겨지기에 일독을 권하고, 널리 큰 물결로 출렁이도록 중구삭금(衆口鑠金)의 목소리를 보태주시길 기원합니다.

거듭, 수고에 감사드리고 발간을 축하합니다.

2022. 10.

백야 손녀 **김을동**

성재경의 고백

결국 청산리를 가지 못하고 출판을 하려고 마음을 굳혔습니다.

제가 김좌진장군 시집을 시작하면서, 청산리순례단을 따라 청산리대첩 현장인 청산리계곡과 장군께서 공산당의 흉탄에 순국하신 금성정미소와 만주에 있는 백야 김좌진 장군 기념관인 한중우의공원을 가서 100년 숨결을 가슴에 담아오고 추모 시집을 올려드리고 싶었는데 코로나19라는 전염병으로 인해 수포로 돌아갔습니다.

시를 거의 써놓고도 고증에 필요한 갈증을 해결하지 못해서 책을 출판하지 못한 채 한 해를 넘겼고 작년에도 하늘길이 막혀서 현장답사를 할 수 없어 뒤에 쓴 안창호시집을 먼저 출판하는 안타까움이 있었습니다.

그러나 더는 미룰 수가 없었습니다.

김좌진 장군님께 예의가 아니고 손녀이신 김을동 의원님께도 더는 약속을 미뤄서는 안 되기에 전전긍긍하고 있었습니다.

지성이면 감천이라 했던가!

아침마다 간절했던 기도가 상달 되었는지 하늘에서. 김좌진 장군과 북만주를 위시한 역사 전문가로 '백야의 꿈' '바람의 기록'등 많은 연구 답사기를 저술한 훌륭한 저자님을 만나게 하셨습니다.

검증을 부탁드렸고 흔쾌히 도와주셔서 현장에 가지 못해 노심초사하던 고증에 대한 갈증을 해결할 수 있었습니다.

사람들은 더러 저를 신 독립군이라 말씀하시지만 저는 그저 제가 해야 할 일과 할 수 있는 일을 할 뿐입니다.

청산리 영웅 김좌진 장군은 먼 역사의 이야기 까마득한 지난일이 결코 아닙니다. 바로 우리들의 할아버지 이야깁니다.

그래서 장군의 손녀 김을동 의원을 만나고 싶었고 두 번째 만남에서 김좌진 장군 기념사업회 사무실과 식당, 찻집에서 많은 이야기를 나누었습니다.

저는 김을동 의원께서 안방극장 유명한 연기자라든가 국회의원을 연임한 정치인보다도 '김좌진 장군' 훌륭한 독립투사를 조부로 모시고 평생 선양을 이어오신 순국영웅의 후손으로서의 삶이 아름답고 귀감이 되었기 때문이었습니다.

제가 이 나라를 위해 목숨 바친 분들에게 개인시집을 올려드리면서 연락하고 찾아갔던 두어 곳 기념사업회와 후손들은 추천사는커녕 만나주지도 않는 홀대에 가슴이 아팠었기에 김을동 의원과 송일국 배우의 업적이 더욱 빛을 발했습니다.

평생 동안 모은 재산과 이룬 사회적 업적을 '중국에서 유일한 대한민국 소유인 한중우의공원'에 쏟아 붓고, 해마다 청산리순례단을 이끌고 현장을 답사한 열정은 특별하였고 감동적이었습니다.

저도 언젠가 청산리 현장을 찾아 청산리대첩 전설의 주인공인 김좌진 장군과 독립군들에게 시 한 편 읽어드리기를 소망합니다.

청산리전투야말로 임시정부에서 창설한 대한민국 정규군과 일본군 정규군이 싸워서 연전연승한 유일무이한 전투였기 때문입니다.

저는 지금 윤동주 시집을 쓰고 있습니다.

시인을 시인이 쓰는 작업이라서 더욱 섬세한 감성이 요구 되겠지만 스물일곱 살에 떠난 천재시인을 시로 쓰는 일에 저는 또 한 번 모든 열정을 쏟아 붓겠습니다.

그리고 그 다음으로는 한 권의 시집에 열 분의 나라 사랑을 담는, 하여 각각 열편의 시를 올려드리는 이른바 '열편시집'을 진행할 생각입니다.

그 일은 제가 필력이 다하는 날까지 이어질 것이고 애국시집을 계속하는 저의 평생 작업이 될 것입니다.

어떤 사람들은 저에게 제발 어디 가서 노벨문학상 타고 싶다고 말하지 말라 하십니다.

제가 잘난 체 한다고 생각하시는 그 분들에게 이 시집 중간쯤에 있는 시를 소개드리며 꼭 읽어보시길 권면(勸勉) 드립니다.

쪽팔리다

쪽팔려서 못 살겠네요
한국엔 문학 우리문학이 없나요?

아니 그건 절대 아니지요
세계 어느 나라보다 우수한 문학이 있거든요

아시지요?
고구려 백제 신라 고려 조선시대

헌화가 정읍사 사모곡 가시리…
정과정곡 서경별곡 청산별곡 사미인곡

단심가 명월가 다정가 송인…
나라를 위하여 부모를 위하여 사랑을 위하여

근대문학에서 현대문학까지
피고 진 꽃잎에 송송 피맺힌 문인들

근데 아랫동네 옆 동네 윗동네
제일 큰 노벨문학상 몇 개씩 받아 챙겼는데

우와 쪽팔려서 못 살겠다
그들 문학이 한국문학보다 낫단 말인가

정말 쪽팔려서 못 살겠다
그들 언어가 어찌 한글보다 낫단 말인가

진짜 쪽팔려서 못 살겠다
그들 침략자들이 순국영웅보다 낫단 말인가

이 시집을 위해 축하해 주시고 추천사를 써주신 김을동 의원님과 도움을 주신 김종해 관장님, 심일수 이사님께 감사드립니다. 또한 유관순애국시단 회원님들, 겨레시단 하늘 회원님들, 나의 사랑하는 딸 아들 손주들, 서정시집을 포함하여 애국시집 시리즈를 출판해 주시는 도서출판 여름 정수연 대표님과 권종수 작가님께도 깊은 감사를 드립니다.

       이천 이십 이년 가을, 양주 김삿갓 풍류길에서

                    겨레시인 **성 재 경**

차례

추천사 김을동 | 백야 김좌진장군기념사업회 이사장 / **5**
성재경의 고백 / **8**

〈서시〉 청산리 가을 / **18**
꽃과 꿈은 꺾지 마라 / **19**
속 청산별곡 / **20**
바람의 노래 / **22**
백 년 동안의 전투 / **24**
나는 장군이다 / **26**
언덕길 / **28**
백두산 산신령제 / **30**
독도 바다회의 / **32**
신 대동여지도 / **34**
소총수 / **36**
태극기와 욱일기 / **38**
호랑이 이야기 / **40**
봉오동에서 / **42**
앞서 나가기 / **44**
다시 청산리에서 / **46**
사랑의 방물장수 / **48**
감자 세알 / **50**

차례

님을 위한 행복 / 52

홍성을 떠나며 / 53

징검돌 / 54

문을 열어라 / 56

불을 지펴라 / 58

산길 / 60

위험한 숨바꼭질 / 62

바람에도 숨소리가 있다 / 64

뜻의 집 / 66

내 인생은 강물처럼 / 68

우리 가슴에 / 70

꼭 행복하세요 / 72

언제까지나 / 74

물결아리랑 / 76

눈동자 재구성 / 78

소치는 여자 / 80

무한 사랑 / 82

시별(詩別) / 84

답시(答詩) 없는 석별 / 86

목숨을 바꾸다 / 88

골방에서 / 90

일지매에게 / 92

적들 / 94

핏잎 / 96

순결의 영토 / 98

빛나는 태극기 / 100

내가 걷는 청산리 / 102

소년 어른 / 104

장군의 아들 / 106

소행성 / 108

청동상 대독 / 110

밤길을 걷다 / 112

김구가 김좌진에게 / 114

김을동 이야기 / 116

낡은 옷을 보며 / 118

쪽 팔리다 / 120

독립 시인 / 122

뼈 없이 잠들다 / 124

김좌진 때문에 / 126

장군과 만나던 날 / 128

야간행군 / 130

낭떠러지 / 132

차례

일본 약 / 134
승전기념일 / 136
눈을 떠라 / 138
이순신이 김좌진에게 / 140
김좌진이 이순신에게 / 142
내가 태어난 나라 / 144
추우세요? / 146
사랑의 현주소 / 148
내 몫의 사랑 / 150
백운평 슬픈 전설 / 152
화톳불 옆에서 / 154
짚신 백화점 / 156
승리 폭포 / 158
일본 연구 중단 / 160
백야 생가에 가면 / 162
단단한 여자 / 164
백야(白夜)에 지다 / 166
청산리 울음소리 / 168
잠들어라 / 170
청산리를 찾아서 / 172
쥐 눈 인간 / 174

애국의 시간 / **176**

젊은 눈물 / **178**

숨어있는 세상 / **180**

재정리 묘소에서 / **182**

깜부기를 아시는가 / **184**

땅 양아치 / **186**

하루에서 백년 / **188**

아픔에 대하여 / **190**

홀로 걷는 청산리 / **192**

새벽에 마주서서 / **194**

청산에 눕다 / **196**

청산도 섬이 된다 / **198**

수명 조절 / **200**

그리움에 충실하다 / **202**

겨울 햇살 / **204**

뒤로 돌면 꼴찌가 / **206**

높고 낮음 / **208**

그리운 한중우의공원 / **210**

헤어짐의 버릇 / **212**

청산리가 시인에게 / **214**

<서시>

청산리 가을

북만주 시월 하늘은
너무 맑아서 차라리 시리다

선비가 말했다
오오 천고마비의 계절이구나
농부가 말했다
히야 고추 잘 마르겠구나
김좌진이 말했다
그렇지 쌈하기 좋은 날이구나

그해 백운평 어랑촌 고동하
가을빛 물든 청산리 계곡마다
독립군 승리의 외침 소리
왜군 발자국 지우는 여울물소리

꽃과 꿈은 꺾지 마라

꽃을 잘 가꿔야 한다 가르치고
꽃을 보면 줄기를 뚝 잘랐다

꿈을 크게 가져야 한다 가르치고
꿈을 듣고는 내리라며 비웃었다

나라사랑해야 한다 가르치고는
애국하면 삼대가 빌어먹는다 말렸다

마음에 안 들고 이룰 수 없다고
꽃 꺾고 꿈 밟으면 못 쓴다

사람사랑은 꽃 나라사랑은 꿈
꽃과 꿈을 꺾으면 사랑도 꺾여 져

우리가 영원히 살아갈 천년의 약속
무궁화 꽃길 태극기 휘날리며 가자

속 청산별곡

아침이 오고 있다
몸이 뒤틀리는 그리움이 오고 있다
그대가 보고 싶다

이링공 뎌링공 하여 낫으란 디내와숀뎌
오리도 가리도 업슨 바므란 또 엇디호리라
이렇게 저렇게 견디며 낮에는 살아왔는데
오는 이 가는 이도 없는 밤은 또 어찌할거나
청산별곡 네 번째 연이 가슴을 파고드는 밤

청산리 청산별곡은 가을을 떨며 울었다
낮에는 적과 싸우는 분노로 울고
밤에는 배고픔과 추위로 숨어 울었다

살어리 살어리랏다 청산에 살어리랏다
기어이 살아야 한다 청산리에서 살아야 한다
머루랑 다래랑 따 먹을 시간도
누구를 그리워하고 걱정할 여유도 없이
마른 잎으로 지는 시월의 단풍 숲은

눈물도 색 바랜 낙엽처럼 떨어져 내려
굵은 힘줄 움켜 쥔 소총의 울음소리
부릅뜬 독립군 눈동자는 깜박임도 잊고
해란강을 파고드는 냇물에 섞여 흘렀다

그래도 아침은 올 것이다
온 몸이 뒤틀리는 그리움도 올 것이다
그대가 아 그대가 그리워 미쳐가는
마지막 그리움이 올 것이다
얄리얄리 얄라셩 얄라리 얄라

바람의 노래

어서 달려라 북만주에서 상해까지
불타는 사슴 눈의 젊은이여
승전보를 안고 마라톤에서 아테네까지
쉬지 않고 달렸던 그리스 병사처럼
너는 달려야만 한다

김훈 바람의 용사야
북간도에서 서간도 횡단하는 밤길
독립에 목마른 이천만 동포를 위하여
지름길이 일본 헌병에게 막히고
산길 물길마다 적들이 진을 쳤어도
너의 품에는 김좌진이 쓰고 서일이 재가한
청산리대첩 전투상보가 숨 쉬고 있나니

냇물 퍼마시고 돌밭에 잠들어도
조국을 위해 싸우다 죽어간 동지들 이야기
침략자를 상대로 6전6승 무패의 신화와
일본정규군 무찌른 청산리 영웅들의 전설을
임시정부에 생명의 물줄기로 전해야 한다

바람처럼 달려가는 독립의 밀사여
다시 돌아오지 말고 더 배워 큰 별 되라는
김좌진 장군의 아버지 같은 말씀처럼
너의 발길에서 광복의 무궁화꽃 피는 날
대한의 젊은이들이 그대 뒤를 이을 것이고
애국의 달음박질은 바람의 노래 될 것이다

백 년 동안의 전투

님의 전투는 100년이 걸렸습니다
청산리 이전에도 소소한 전투는 있었지만
팔 십리 골짜기마다 아득했던 청산리대첩 이후
밀산과 목단강 금성정미소까지의 항거로
님은 왜인들을 두려움에 떨게 했습니다

광복이 되고 나서도 뉘우침 없는 그들은
독도를 들먹이고 이상한 핑계를 대며
지난 역사의 엄연한 사실조차 부정하고
침략의 고질병에 걸린 환자처럼
무궁화 영토에 무섭게도 덤벼들었습니다

님의 전투는 앞으로도 얼마나 더 걸릴지
백년의 백년이 걸릴지도 모릅니다
지구가 존재하고 이웃나라 일본이 있는 한

청산리전투는 결코 끝나지 않을 것이라서
우리는 게으르지 말고 대비를 해야 합니다

일본사람이 다 그런 것은 아니겠지만
그 나라 정치가나 대부분 우익인사들은
대한민국 일이라면 무엇이든 훼방하기에
싸우면 이겼던 청산리 독립군정신 본받아
단 한 가지라도 패하는 역사는 없어야 합니다

나는 장군이다

나는 장군이다
전투 작전을 짜고 지휘하는 사령탑이고
승패를 책임져야 하는 최후의 보루다
나는 뒤에서 명령하기보다는 앞장서고
고지를 향해 가장 먼저 뛰어 오른다
스스로 참모나 책사처럼 생각하며
장병들 외침소리 안에 내가 있고
병사들 피 흘림 속에 나도 피 흘린다
사병들과 무리지어 걷고 먹고 잠자며
그들이 목숨 걸고 싸울 때 나도 싸우고
나아갈 때와 물러갈 때를 결정하여
생명을 지키고 승리를 거머쥐는
회오리보다 빠르게 산하를 휩쓸고
송골매보다 더 고공비행을 해야 한다

내가 용감한 독립군들을 이끌고
청산리 깊은 계곡 따라 싸우는 동안
여러 날들을 패함 없이 이기기 위해서는
잠들어선 안 되고 깨어있어야 하기에
무거운 눈꺼풀 칼끝으로 받쳐 치뜨고
새벽마다 왜군 움직임을 꿰뚫어 보며
독립군 대장답게 늦가을 울음 참던
나는 백야 김좌진이다

언덕길

길은 걸어보지 않으면 길을 모르고
사람은 만나보지 않으면 사람을 모르듯
나라는 사랑하지 않으면 나라를 모른다

조금은 숨이 차야만 넘는 고개가 있는데
청산리 영웅 김좌진의 핏빛 언덕길
그 팔십 리 단풍들 시간도 없이 낙엽 지는
백운평부터 어랑촌 고동하 깊은 계곡
눈물 가슴 일렁이는 길을 걸어보지 않으면
서릿발 같은 역사의 길을 모른다

젊은 청년의 길을 큰 뜻 안고 만주로 떠나
타고난 영웅의 기질과 지혜로
동지를 모아 훈련하고 군대를 만들어
장군의 길 독립의 길을 갔던 사람

어떻게든 무엇으로든 만나보지 않으면
우리는 김좌진의 옷깃만 스쳐갈 뿐

춥고 배고프고 지쳐 쓰러지면서도
길고 험한 청산리 언덕길을
총 한 자루
목숨 한 자루
나라사랑 한 자루
밥보다 많이 마신 계곡물 한 자루
그렇게 걸어간 사람들을 기억하지 않으면
목메어 오는 나라사랑 도무지 알 수가 없다

백두산 산신령제

산신령 다 모여라
새끼든 두령이든 산신령이라고 생긴 것은
하나도 빠지지 말고 백두마루로 모여라
불참하는 산신은 영부(靈簿)에서 지울 것이다

일 년에 한두 번씩 보래령 회령봉에
귀하게는 산삼 한 뿌리부터 더덕 한 손
흔한 산나물 산열매 칡뿌리 싸들고 모여
산만 까뭉기는 인간들 혼내주자며
계곡에 흙탕물 끼얹는 헛소리만 하다가
아침 햇살에 눈동자 허옇게 바래던 산신령들아

백두산 아래 영웅들이 모였다
고향과 부모처자 떠난 애국지사들이
빼앗긴 나라 찾자며 저렇게 애를 쓰는데

우리도 산신대왕 백두산신령 기치아래
저 독립투사를 돕는 광복의 길로 나아가자

두만강 남쪽 땅을 왜놈에게 빼앗겨
산신들 정수리마다 쇠말뚝 박고 있나니
만주 땅에서 싸우는 김좌진 장군 따라
신선의 터를 위해 함께 싸우자
매서운 바람 일으키고 큰 바위 굴려서
왜인을 몰아내고 의인들을 집에 돌려보내어
우리가 왜 대한나라 산신령인지 알게 하자

독도 바다회의

독도 깊은 바닷속에서 회의가 열렸다
원래는 백두 한라 금강 설악 지리
청산 영봉에서 산상회의를 하려했지만
아직도 침략 광기 못 버린 일본 때문에
동해의 샛별 동도 서도 바위 사이에
호국영령들 시나브로 모여들었다

이순신 장군 거북선 타고 앞서 오시니
안중근 의사 하얼빈역 불 뿜던 단총 차고
유관순 누님 아우내 피 묻은 태극기 들고
윤봉길 의사 홍커우공원 물통폭탄 안고
김구 선생 한인애국단 현판을 들쳐 메고
김좌진 장군 청산리 긴 칼 허리에 묶고
안창호 선생 흥사단 깃발 높이 흔들 적에
수많은 수호천사들 속속 날아 내렸다

조국에 바친 목숨 두 번은 못 바치겠는가
일본이 무릎 꿇고 잘못을 비는 날까지
모든 순국회의 장소는 독도로 정하여
일본이 쳐들어오면 목숨 걸고 싸우리라

동해물이 왜 자꾸만 푸르러 가는지
안용복 길 이사부 길 빛이 밝아 가는지
침략 꾼 일본인들은 꿈에도 모른 채
영웅들의 바다회의는 계속될 것이다

신 대동여지도

나 얼마나 더 가야 당신 앞에 설 수 있습니까
얼마나 걸어야 당신을 모두 볼 수 있습니까
비바람 무더위 서릿발 눈보라
그런 것은 이미 내 발걸음을 잡지 못 합니다

대동여지도 목판활자 60여 판이
지금은 겨우 12판만 남아 서러운데
인쇄본 22책을 동서로 펼치면
기어이 보이는 우리나라 금수강산
고산자가 걷던 삼천리 멀고 먼 길보다
일본군이 추적하는 만주의 산길
청산리를 지나고 흑룡강을 넘어서
끝이 안 보이는 아픈 길이라도
당신이 계신 곳이라면 말없이 걷겠습니다

천둥소리가 강물을 살 떨리듯 흔들면
당신의 목소리 내 가슴 파고들어
내 몸 안의 피면 피 물이면 물
회오리로 회오리 불길로 파도치리라

우리의 옛 땅 칼을 들고 말을 달리며
생사를 나누던 장군과 북로군정서 동지들
조국의 독립을 위한 오직 하나의 생각이
저리 가난한 함성으로 천지를 흔드는데
당신의 큰 말씀 또 가슴을 파고듭니다

이제 내 피로 그리는 지도는
만주 벌판이 새겨진 드넓은 세상
나무 활자가 아닌 태극기 활자로
조국의 역사 위에 펼치겠습니다

소총수

나는 봉밀구 어귀 어랑촌 숲속에 잠복해 있다
엊그제 백운평에서 한번 맞붙은 왜군들
까마귀 떼처럼 까맣게 몰려오고 있는데
체코군 소총을 장전하고 기다리는 순간
지독한 목마름으로 손 땀이 밴다

나는 북로군정서 2중대 소총수다
김좌진사령관의 준엄한 명령에 따라
압계골 874고지 바위에 몸을 숨기고
밝아오는 새벽 단풍 숲을 뚫고 나타날
조국 침략의 원수를 명중하려고
한쪽 눈 감고 방아쇠 움켜쥐는데
들숨 날숨으로 어려 오는 고향

내가 죽어도 아무도 모를 것이다
후세에 기록되거나 기억되지 않을 것이다
어랑촌 어느 산야에 백골로 남을는지
동지들이 끌어다 묻을는지 모르지만
나는 적들을 향해 총을 쏠 것이다

내가 지급 받은 개인 군수용품은
소총과 실탄 500발 수류탄 1개
짚신 1켤레 비상식량 조 6되가 전부
식량도 떨어지고 실탄도 얼마 남지 않았는데
살아서 조국에 돌아갈 수 있을까
부모님께 큰 절 올리는 날 돌아올까
그러려면 한발이라도 더 쏘아야만 한다

태극기와 욱일기

태극기를 보아라
높은 경지 신선의 솜씨가 빛나는
선과 색 여백의 찬란한 조화
우리의 얼과 정신 심장이 담기고
그것은 우주 삼라만상의 근본이다
겨레 영혼이 살아 숨 쉬는 태극기

이웃 나라 국기를 보아라
흰 바탕에 빨간 동그라미 그려 넣은
어린이 낙서처럼 치기어린 일장기
더 유치하게 빨간 줄을 그어놓은 욱일기
그것은 태양의 깃발이 아니다
죽음을 집행하는 악마의 핏자국

태극기 공중에 오를수록 우아하여
하늘을 수놓는 별꽃 달꽃 천국 꽃잎
욱일기 허공에 떠다닐수록 음흉하여
먹구름 황사 매연 뒤덮인 지옥 독초

태극문양 무얼 만들어도 아름답고
욱일문양 무얼 만들어도 흉측 한데

저 오대양 육대주를 통치하는 깃발
인류의 아름다운 희망 태극기라면
바다에 갇힌 섬나라 절규하는 깃발
세상에 해악만 잔뜩 안겨주는 욱일기

호랑이 이야기

백두산 아래부터 옛 고구려 영토까지
늠름한 호랑이들이 많이 살았다
어흥 어어흥 산천초목을 떨게 했던 범은
더러 사람과 가축을 해치기도 했지만
아기에겐 곶감보다 덜 무서운 순둥이
명포수에게 걸리면 고기며 간까지 내주고
사람은 이름 호랑이는 가죽을 남긴다며
굵은 줄무늬 호피도 쓸모가 많았는데
언제부턴가 멸종 서열 일위로 올랐다

만주벌에는 사람 호랑이들도 살았다
백두산 넘어 깊은 숲속에도
두만강 압록강 따라 늘어선 초원에도
왜놈들이 밤낮으로 벌벌 떨던 식인호랑이
한국사람 중국인 몽골 소련인은 지켜주고
일본사람만 잡아먹는 낯가림 호랑이들

사람 호랑이들은 별이라는 이름도 있었다
홍범도별 김동삼별 대왕호랑이 김좌진별
그들에게는 장군이라는 또 다른 이름도 있어
무서운 맹수들이 용감하게 뒤를 따랐는데
겁 없이 몰려온 왜군들 하도 많이 죽어서
그해 청산리 계곡엔 가재도 배불렀다지만
호랑이들 모두 영역 벗어난 슬픔이 도사려
머리부터 꼬리까지 비장한 각오 속에서도
눈시울은 언제나 그리움으로 젖어있었다

봉오동에서

너희 족속들은 늘 우리를 업신여겼고
우리 민족은 너희를 야만으로 보았는데도
전쟁의 유전병에 걸린 전쟁환자민족 일본

너희들은 멀리 섬나라에서 왔고
우리는 삼천리길 소망 안고 걸어서
백두산 강물 끊긴 계곡에서 만났는데
너희가 그냥 돌아가면 나도 서 있을게
네 나라 일본으로 가면 뒤 쫓지는 않을게

너희는 총 쏘고 칼 휘두르며 몰려왔다
평화로운 나라에 죽음과 슬픔을 남기며
왜무당 뼈덩니 같은 욱일기 앞세우고
고려령 넘어 봉오동으로 쳐들어 왔고

우리는 압록강을 건너고 백두산을 넘어
피 묻은 태극기 머리에 질끈 동이고
봉오동 상촌에서 적군 죽인 대승을 거뒀다

기억하리라 그날의 봉오동과 독립군을
대한북로독군부 사령관 최진동을 필두로
형제 운산과 치흥, 북로제1군 사령부장 홍범도
나라 빼앗긴 장군과 병사들의 한 맺힌 항쟁
우리의 북녘 땅 끝 호랑이 귀 바로 뒤에서
6월의 총소리는 잠자던 북만주를 흔들고
이십 리 골짜기 만세소리 두만강을 넘쳤다

앞서 나가기

대관절 어쩌라고 바람처럼 앞서 가십니까
장군님 발걸음도 힘들고 숨차실 텐데
우리가 따라잡기 어려운 빠른 행군은
단풍도 못 견딘 잎새로 흐르는 여울마다
낙엽은 마지막 추억으로 물결치는데
손아귀 가득 안간힘으로 따르는 숨소리
낙오되면 죽음 기필코 따라 가렵니다

백운평에서 만난 적군 왜놈병사가
먼저 나서다가 죽는 것을 보면서
여섯 밤낮을 바위 뒤에서 사격하면서
앞서나가기가 얼마나 외롭고 처절했을까
자칫 죽기 십상이고 잘못하면 부하 죽이는
저 칠천량 바보장수 꼴을 면치 못할 텐데

김좌진 장군님 앞서나가신 그날 거기
우리가 살아 남아있음을 알았습니다
이순신 장군 명량에서 대장선 홀로 진격하듯이

대장님이 앞서가시며 역사를 말아 올려서
우리 모두 승리자가 되어있음을 돌아본 순간
괜한 투정이 벅찬 가슴으로 오는
청산리 초겨울 웃음 실컷 웃었습니다

다시 청산리에서

나는 우리의 노래가 해와 달과 별을
그냥 노래하는 것이 아니면 좋겠습니다

나는 우리의 시가 이별이나 고독 같은
서툰 슬픔만 적어가는 것도 아니고

나는 우리의 그림이 꽃과 바람 구름처럼
마구 그려가는 것이 아니면 좋겠습니다

100년 전 청산리 계곡 팔십 리 산길
엎어지고 고꾸라지며 걸었던 사람들
애인인양 소총 한 자루 보듬던 긴장은
막 묻어나는 흔한 감정이 아니었고
대강 저미는 슬픔이 아니었기 때문입니다

노래 한 곡 시 한 편 그림 한 폭
돈 벌고 이름 내려고 욕심 앞세우면
지금도 우리 삶에 파도쳐오는 청산리
그 추위 굶주림 어떻게 버텨 내시렵니까

나라야 어찌 되었던 나만 살면 된다고
정치하고 사업하고 젊은이를 교육한다면
앞으로 닥쳐올 일본과 세상천지 청산리
그 끔찍한 포위망 어떻게 벗어나시렵니까

사랑의 방물장수

조국이 독립되면 돌아올 줄 알았는데
멀리 떠난 남편의 부음 가슴에 새겼다가
만주 땅 발부리 터지도록 걸어서
잔디도 메마른 무덤에 앉았었지요

산 사람을 만나 그 품에 안겨 오고팠는데
죽은 사람 안고 돌아가리라
장군의 뼈는 겨레의 뼈
사랑하는 낭군의 뼈마디는 내 뼈마디

말 달리다 팔이 늘어났나요
산길 오르다 다리가 길어졌나요
뼈 봇짐 머리에 이면 무릎 꺾어지는데
광복 못보고 한창나이 떠나는 서러운 발길
함께 싸운 독립군들 눈물에 아롱져오면
뼛속마다 한이 차서 이리도 무거운가요

갑시다 고향으로
몇 달 며칠 걸어서라도
청산리 영웅 만주의 별 김좌진
왜놈도 되놈도 곰놈도
당신의 주검이 떠나는 걸 알면 안돼

방물장수 황아장수 상관없어
한지로 감싼 님의 뼈 위에
참빗 얼레빗 색경 금박댕기 반짇고리
곱디고운 연지 분가루 보석 패물 얹어서
귀신도 눈치 못 채게 홍성으로 가리라

내 사랑은 추억이 아닙니다
언제나 버드나무 물오르듯 살아 오르는
나 죽는 날까지 생생한 현재입니다

감자 세알

백운평부터 어랑촌 맹가구 긴 골짜기
몇 번을 맞붙은 청산리 싸움 내내
소총과 기관포 곡사포까지 가공할 무기와
식량 보급이 잘 되어 실컷 먹고 싸우는
조국의 침략자 왜놈들 군대에 비하면
감자 세알 계곡물 한 움큼 하루를 버티고
길도 없는 원시림 험한 바위산을 넘으며
적을 만나면 죽기 살기로 싸우는 날들

아내가 보고잡다
어머니가 너무 보고프다
아이들이 보고 싶어 눈물이 난다
나라를 빼앗겨 씨앗 몇 됫박 품속에 감추고
당장 입을 옷가지 몇 벌 보따리에 싸들고
낮에는 숨고 밤에는 걸어서 두만강을 넘어
만주벌 황무지 손으로 파서 밭 만들어
감자 캐고 옥수수 따는
농부로 필부로 살아가던 운명이
장군을 만나서 백팔십도 바뀌었다

이제 나는 김좌진장군 병사다
나는 조국을 되찾기 위해 싸우는 용사다
나는 비로소 용감해지고
내가 가야 할 길 해야 할 일을 알았다
살아남으면 다행이지만 죽어도 괜찮다
내 대신 내 나라와 내 가족이 살 것이고
내 품에 있는 감자 세알 씨감자가 될 것이다

님을 위한 행복

내가 행복하고 싶을 때마다
아픈 그대를 생각하며
행복을 삭감합니다

그러나 그렇게라도 그대를 사랑함이
진정한 나의 행복입니다

그대의 불거진 실핏줄이
별을 지나고 별무리와 별들의 밭을 지나고
별들만 반짝이며 흘러간다는
아 출렁이는 은하강 오작교를 건너서
지금은 여기 행복한 조국의 땅
그대의 고향 홍성에 계십니다

그대가 조국의 독립을 사모했듯이
말발굽 소리 청산리 가을산을 울렸듯이
그대가 남긴 행복 여럿이 나누겠습니다

행복은 누군가를 사랑하는
피돌기입니다

홍성을 떠나며

오늘 처음으로 홍성이 행복하다
연인아
수없이 홍성을 오르내렸지만
나는 사랑 없는 거리 껄렁패였는데
어떤 사랑 이야기를 들은 뒤부터
사랑과 이별을 가슴에 담아가리라

젊은 남편을 말없이 만주로 떠나보내던
살아 올 수 없는 길을 작별하던
홍성 땅 갈산고을 행산 동네 아내는
잡기 싫어 그냥 보냈을까
눈 뻔히 뜬 생이별 아파하지 않았을까

의료원 길을 지나 홍성역으로 접어들면
하늘로 날아오르는 말 탄 장군이
긴 칼로 내 슬픔을 도려내어
청산리 단풍 빛 전투로 물들어가던
그 사람들처럼 빈 마음으로 떠나리라

연인아
헤어짐은 언제나 긴 이별이 아니다
잠시 별 사이의 거리를 재는 것일 뿐

징검돌

강물이 무섭게 흐르고 있었다
살아가는 것이 죽는 것보다 힘든
이 땅에서 강을 건너 맞은편 언덕에
어떻게든 닿아야 하는데
거친 물살 사이로 번뜩이는 창과 칼
나룻배로는 어림도 없는 시퍼런 강물
외나무다리나 밧줄 엮은 출렁다리
더 튼튼한 다리조차 놓을 수 없는 곳
어디선가 홀연히 안중근이 날아와
물에 코 박고 거북이처럼 엎드렸다
유관순이 날아와 코 박고 엎드렸다
윤봉길이 날아와 코 박고 엎드렸다
김구도 김좌진도 안창호도 날아와
험한 강물 거리낌 없이 코 박고 엎드리고
계속 날아든 순국영웅 독립투사들
코 박고 엎드려 징검다리를 놓았다
사람들은 우루루 징검돌을 밟고 건넜다
잘 살 수 있는 언덕에 내리고 나서는
뒤도 안 돌아보고 건너온 다리를 잊었다

코 박고 엎드린 등짝마다 이끼가 끼고
강물 속으로 눈물 같은 세월이 흘렀다

잊혀 질 때 잊혀 지더라도
나 코 박고 엎드린 징검돌 되고 싶다

문을 열어라

문을 열어라
속 시원히 문을 열어라
산과 들 계곡 바위와 강물
조국의 문 독립의 문 통일의 문을

말 타고 총 쏘며 호령하는 선구자
만주벌 산천아 문을 열어라
김좌진 호랑이 뛰어넘는 길에
북로군정서 애국청년들이여
배고파서 고동하 냇물을 퍼마시던
아아 조국의 수호신들이여
아리아리 피맺힌 단풍아라리
손가락부터 심장까지 영혼아라리

닫혀버린 문
무궁화 꽃잎 떨어져 꽃 무덤 되고
태극기는 모로 찢겨져 휘날리는데
청산리대첩 이후 밀산까지 멀어지다가
흔적도 없이 사라진 역사의 주인공처럼
우리의 마음은 흩어져 어디로 가는가

가보면 안다 가다보면 보인다
빗장 잠긴 역사의 길은
우리가 열쇠 되어 열어야 하리
이름 없이 죽어간 사람들이 갇혀있는
저 망각의 문 무관심의 문을 열고
눈물 젖은 선구자의 함성 들어야 하리

불을 지펴라

삭정이를 분질러 불을 지펴라
이마에도 발등에도 불 불 불
가슴에도 불을 지펴라
백년을 거슬러 청산리 불 불 불

냇물도 분노의 불쏘시개로 불붙이면
모래톱 조약돌 사이로 옮겨 붙어서
물핏줄 뒤틀리는 신음소리 내다가
바위를 밀어 올리는 물불이 되고

땅속도 슬픔의 불쏘시개로 불붙이면
활화산 휴화산까지 옮겨 붙어서
땅핏줄이 뒤틀리는 고함소리 내다가
용암을 밀어 올리는 땅불이 되어

봉오동에서 시작된 불씨가 옮겨 붙어서
청산리는 불산 불내 불하늘이 되었다
단풍불 바위불 눈불 혼불 독립불
타오르는 불속에서 죽어가던 왜군불

다시 불붙이고 타올라야 하네
자꾸만 잊고 거부하는 우리 삭막한 가슴
축축하게 젖어 꺼져만 가는 겨레의 영혼
천년 승리 청산리 불씨를 살려야 하네

산길

나 수많은 산을 넘었는데
당신 그리움의 산은 넘지 못하고
빈 가슴으로 타오르던 청산리 가을 산
내 영혼의 안식처가 당신일까
태극기 휘날리는 무궁화영토일까
적을 겨냥해 총을 쏘면서
당신이 살고 우리 아들딸이 살아갈
내 나라 위해 죽을 때까지 싸우렵니다
적이 하나씩 거꾸러질 때마다
당신에게 한 발짝 더 다가갈 수 있어
북로군정서 용감한 독립군을 이끌고
송리평, 싸리밭촌, 평양촌, 청산리산림
산길마다 싸움이 시작 되었고
백운평, 천수평, 어랑촌, 만기구
청산리 마지막 전투 쉬구를 지나
철수하며 천보산 기습전투까지
우리는 침략자를 수없이 죽였지요
적들은 죽어가고 우리는 살아남아서
밀산을 향한 어두운 산길을 넘었는데

당신에게 가는 그리움의 여정이었고
살아서 당신을 보고픈 마지막 희망
조국이 독립되는 그날이라 믿었습니다

위험한 숨바꼭질

꼭꼭 숨어라 머리카락 보일라

이 노래 모르면 이 땅의 백성이 아니다
만주에서도 불리어진 서러운 노래여

술래가 숨은 사람을 찾아다니는 놀이
즐거운 장난 같은 함께 놀았던 놀이
이 놀이가 백두산 너머에도 있었다
장난이 아닌 목숨 건 숨바꼭질로

잘 숨어라 군복 총구 보일라

사람들은 이 노래를 배우려고 하지 않는다
조국의 광복을 기다리며 부르던 노래
솜옷이 아닌 거적때기 뒤집어쓰던 노래
추위와 배고픔으로 들숨 날숨도 뒤바뀌고
긴장과 무서움으로 온몸이 뒤틀리던 노래여

기관총과 군마로 뒤쫓아 온 왜놈병사
독립군이여 술래잡기처럼 술래가 되어
돌개바람으로 적들을 모조리 쓸어버려라

내일 우리가 다정한 놀이로 부를 숨바꼭질
우리 자녀가 재미있게 따라 부를 술래잡기
그 아리고 시린 노래는 가슴에 묻고
그날을 위하여 청산리 산속에 깊이 숨어라

바람에도 숨소리가 있다

숨소리가 없는 것은 바람이 아니다
속삭임이 없는 것은 강물이 아니다
적어도 청산리에서 만큼은

숲은 낮에는 딱따구리 밤에는 부엉이
산새 산짐승 있는 대로 소집하여
연락병으로 촘촘히 심어놓고
다람쥐를 보초로 고라니를 척후병으로
백운평 천수평 어랑촌 맹개골
청산리 마을 어귀마다 그물망 초소 깔고
바람의 신호를 따라 적들을 기다렸다

우수수 우수수 단풍이 낙엽으로 날리고
어어이 어어이 해란강이 초혼가 부르면
숲속에서 유리알처럼 빛나는 눈동자들
낮별은 분노의 알갱이로 부서져 내리고
가늠자에 올라온 왜군의 심장을 향해
핏방울 눈물방울 방아쇠를 당긴다

떠나가거라 사람짐승 야마다토벌대여
여기는 우리 민족이 손등으로 일군 땅
50여 호 주민 중 단 두 사람만 살아남은
죄 없이 학살당한 백운평 동리 실향민이여
바람소리 강물소리로 하늘 길 오르시라
아직도 끝나지 않은 침략 청산리 영가여

뜻의 집

뜻을 세우는 것은 집을 짓는 일이다
기둥을 세우고 대들보를 얹고
서까래 들보위엔 지붕을 덮고
벽체를 쌓아 크고 작은 창문도 내면
집이 되는데 뜻도 그런 것이다

김좌진은 뜻을 세웠다
집 머슴들을 자유롭게 풀어주며
붙어먹을 논밭도 챙겨주었고
자식들을 불러다 학교에서 가르쳤지만
그 작은 집만으로는 너무 좁아서
독립의 큰 집 위해 길을 떠났다

북만주에 모인 뜻 집 짓는 사람들
무기를 휘두르는 칼의 집
화약을 흩트리는 총의 집
도편수 김좌진과 문화재급 대목장들
용감한 집지기들은 청산리를 향했다

명령에 따라 바다를 건너온
불쌍한 일본 군대졸개들은
계곡물에 씻기며 흙으로 돌아갔다
그들의 뜻은 침략과 약탈이었기에
역사에 새긴 집을 결코 지을 수 없었다

내 인생은 강물처럼

내 삶을 통째로 가져가
어떻게 부분적으로 흘러갈 수 있겠어
머리 따로 팔다리 따로 심장 따로
어떻게 찢겨진 채 흐르겠어

말로는 나라사랑 한다 큰소리 치고
골 깊은 쓴 소리만 달고 살다가
정작 나라에 고난과 시련 찾아오면
간에도 붙고 쓸개 췌장 맹장 막 붙어서
역사의 뒤안길로 사라지고 싶지 않아

충청도 홍성 부잣집 아들로 태어나
젊은 나이에 독립의 큰 뜻을 품고
북만주에서 독립군을 이끌고 보살폈던
김좌진장군 앞에 무릎 꺾어 주저앉으며
겨레 위해 목숨 바친 사랑의 절정
위대한 헌신의 도포 걸치고 싶어

앞서거니 뒤서거니 멈춤 없는 강물
깊은 곳도 높은 곳도 평탄하게 덮고
넓은 길도 좁은 길도 불평하지 않아
구정물 먹물 아, 한 맺힌 핏물조차도
말없이 품고 흐르다 맑은 물색 내놓는
한물진 뭉텅이 강물로 흐르고 싶어

우리 가슴에

우리 가슴이 아무리 작아도
아리랑 한 곡쯤은 불러야 하고
우리 가슴이 새가슴처럼 작아도
만주벌 노래 한 곡쯤은 들어야 한다
이름이 뭐가 필요하랴
그냥 침략자 왜군과 싸우고
언제 죽을지 몰랐던 사람들
청산리 울퉁불퉁 백리 계곡마다
김좌진 눈물가슴으로 회오리치는 물결
우리 가슴이 콩가슴처럼 작아도
조국이 울부짖는 소리 들려져야 한다

우리 가슴에
백 년 뒤 재잘거리는 어린아이들과
세계를 안방처럼 넘나들 젊은이들과
나라를 위해 힘차게 나아갈 장년들
뒤에서 말없이 응원하는 노인들이
샘물을 길어 붓지 않겠느냐

청산리에 다 들어있다
지휘하던 장군과 싸우던 병사
자기들은 굶어도 독립군을 먹이던
고향을 버리고 만주로 떠난 개척자들
우리 가슴에 천만년 잊혀지겠느냐

꼭 행복하세요

꼭 행복하세요
나는 내 나라를 떠나 적과 싸우다가
성한 몸으로 돌아오지 못하고
아내의 봇짐에 숨겨 뼈마디만 돌아왔지만

님들은 대한민국에서 행복하셔야 합니다
단풍드는 계절엔 사랑하는 사람들과
설악산 속리산 내장산 단풍구경 다녀오고
지천에 널린 맛있는 음식도 드시며
자유로운 세상 마음껏 행복하십시오

내가 투사들을 이끌고 백운평에 간 날은
늦은 단풍이 물들어 있었지요
독립군 피가 물보라처럼 사방팔방 튀어도
붉은 단풍에 덧칠된 물감이었고
일본군 피가 파도처럼 굽이치며 흘러도
단풍잎에 섞여 흐른 염료였지요

내가 금성정미소에서 총 맞고 떠나던 날은
왜 그렇게 겨울바람 모질게 불었던지요
동포 위해 살았는데 공산당에게 총 맞고
광복의 물결 만세의 강물 못 보고 떠났지만
님들은 하늬바람 높새바람 지나 소슬바람
흘러 맞으며 끝 날까지 행복하세요

언제까지나

언제까지나 한곳을 바라보는 사람은
충분히 멍청하다
두리번거리고 여기저기 기웃거리면
똑똑해 보이기도 하고
수지맞는 일도 생길 수 있는데

나는 왜 한 곳만을 바라보며 살았는가
한 곳을 향하여 걸어간 님들을 그리워하고
그 이름에 매달려 살아가고 있지만

그래도 그 가슴으로
우주를 본다
세상을 본다
나라를 본다

조금만 더 멍청하게 살다가
지금 보다 더 바보 아주 바보 되어
눈 감고 세상을 보고 싶다
보이는 것은 깨알 같은 것이라서
보이지 않는 광복의 어두운 길 따라
목숨 내놓고 말없이 달려간 님들처럼

나도 보이지 않는 미래를 환하게
보고 싶다
쓰고 싶다
전하고 싶다

물결아리랑

청산리 물결이 날 깨웠다
윗물은 문경새재가 웬 고갠가 진도아리랑
가운데 물은 날 좀 보소 보소 밀양아리랑
아랫물은 비가올라나 눈이올라나 정선아라리
처음부터 끝까지 흐르는 물결의 소리는
나를 버리고 가시는 님은
십리도 못가서 발병 난다 난다 난다
천만번 들어도 가슴 시린 아리랑이었다

청산리에 물결처럼 흐르던 아리랑가락
콩 볶는 것 같은 아군과 적군의 총소리
죽고 부상당한 아우성은 아리랑이 아니지만
추위와 배고픔으로 지쳐 쓰러지는 순간에도
아픈 조국 놓지 않으려고 붙잡던 진도아리랑
홑적삼 홑바지 바윗돌에 찢기던 밀양아리랑
넘어져 깨어져도 다시 일어나던 정선아라리
단풍처럼 싸우다 낙엽처럼 떨어진 사람들
그 붉고 높은 마음을 흐르던 물결아리랑

아리랑을 불러야 하네
눈물호수 넘치고 목이 터지도록 불러야 하네
압록강 넘어갔다가 두만강 넘어오지 못한
두 다리로 말처럼 달렸던 이름 잊은 선구자
슬픈 영혼 기억하며 아리랑을 불러야 하네

눈동자 재구성

사물을 볼 때 본래 자기 눈으로 보지마라
눈을 치뜰 때나 잠깐 감았다 뜰 때라도
눈동자를 재구성하여 바른 시각으로 보고
객관적 사실도 재구성한 시선으로 보라
찰나에 스치는 사물도 그러하거든
역사를 보는 깊은 눈 함부로 뜨지 마라

두 눈동자가 좌로 몰려 있는 광어나
오른쪽으로 돌아간 도다리 눈깔처럼
사시 눈 뜨고 역사를 말하지 말라
청산리대첩이 사실보다 부풀려졌다느니
기록에 길들여진 일본의 사료에 없어서
그저 일본군 몇 죽인 산골 전투라며
호들갑 떨지 말라는 정신 빠진 사학자나
논문에 동네 전투라고 비아냥거리는
친일 학자는 눈동자를 재구성해야 한다

김좌진장군과 애국병사들이 목숨 걸고
7주야를 싸워 적병 천여 명을 사살한 전투
한국 정규군과 일본군 부대가 맞붙은
독립항전 역사상 유일한 그 벅찬 승전보는
임시정부와 독립신문에서도 크게 보도했고
전투에 참여해 전승을 올린 장군의 증언과
수많은 기록이 사실임을 입증하는 데도
말마다 게거품 궤변 늘어놓는 자는
청산리 언 땅에 썩은 눈동자 묻어야 한다

소치는 여자

그리운 사람 보고픈 이여
소 꼴 한 짐 들쳐 메고 사립문 밀어오면
댓돌에 놓인 여자 검정고무신 한 켤레
오늘도 당신 소식은 못 오나본데
멀리 떨어져 있는 독립군 아내보다
함께 밥 먹는 머슴의 아내가 되고 싶소

송아지 낳은 엄마소 배고파하면
볏짚 여물 선작두 지려 밟을 때
내가 한 다발씩 매겨주면 당신이 자르고
가마솥에 소죽 끓여 소나무 고무래로 퍼서
모락모락 김 오르는 소밥 구유에 담으면
송아지는 젖을 물고 어미소 여물 먹으며
순한 눈으로 보내는 감사 함께 받고 싶어요

재 넘어 사래밭 쟁기질할 때
워 워 이랴이랴 코뚜레 돌려가는 이랑마다
소나 사람이나 콧속 불 뿜는 뜨거운 바람
우물에서 물동이에 길어온 찬물 한 바가지
벌컥벌컥 들이마시는 소등을 쓰다듬다
내가 따라주는 막걸리 한 사발로 웃는 당신

외양간 소는 눈감고 그리움을 반추하는데
만주 모진 바람 맞으며 달려 갈 님이여
빼앗긴 나라 되찾고 광복 깃발 흔들며
소치는 여자 곁으로 속히 날아 내려요

무한 사랑

사랑의 무게나 길이 두께를 말하지 말아요
하늘과 땅에 층층 사랑의 높이가 있더라도
북극성사랑 계명성사랑 은하수사랑
제비꽃사랑 민들레사랑 나팔꽃사랑
그렇게 사랑을 마음대로 이름 짓지 말아요

여기 홍성에서 두만강 너머 만주 땅을 달려가
같이 먹고 같이 굶고 함께 싸우고 싶었는데
나 때문에 그이 발걸음 늦어 질까봐
그래서 기다리던 광복이 더디 올까봐
나는 두 다리를 땅에 묶고 있었지요

사람들은 나를 장군의 아내 오숙근 이라지만
그거 아시나요, 같이 산 날이 긴 날이 아님을
남편 김좌진을 독립의 선봉장으로 보내고
홀로 강가 갈대처럼 들녘 망초처럼 살면서
내가 그토록 기다린 것은 무엇이겠어요

독립의 날보다 그 사람 부고가 먼저였고
영웅의 뼈를 짐 보따리 숨겨와 고향에 묻었다고
내 사랑이 다 끝났다고 생각 하시나요
청산을 흘러내린 여울에 머릴 풀고 서서
굳어져가는 망부석을 사랑이라 하시나요

내 사랑은 북두칠성 너머 아스라한 별까지
하루도 잠 못 드는 무한사랑
나 죽어도 멈추지 않는 영원사랑 입니다

시별(詩別)

아름답게 헤어지려면 시가 있어야 한다
석별이든 송별이든 이별이든 사별이든
부모형제든 친구든 동지든 연인이든
헤어짐이 아플수록 시를 불러들여야 한다
눈물도 마르고 슬픔도 가셔질 적에
시만 홀로 남아 그날의 그리움을 전해주기에
가슴에 시 한 편쯤은 나누고 돌아서야 한다
시를 넣어주든 시를 건네받든
그 속에 과거와 현재와 미래가 들어있어
지난날 서운했던 것은 모두 용서가 되고
지금 줄 수 있는 것 아낌없이 퍼부어줘서
앞으로는 잘되라며 행운을 비는 마음
그렇게 시가 헤어짐을 앞장서 가야한다
강물 같은 헤어짐의 시간이 지나면
목 놓아 불러도 아무 소용이 없고
뒤늦은 후회가 위안이 될 수 없어
가슴을 터트리고 목을 분질러서라도
눈물보다 더 뜨거운 시를 보태야 한다

쓸 줄 모른다고 주먹으로 바람벽 치지 말고
거짓 없는 고백의 시로 사람을 보내야 한다
박상진이 김좌진을 한 편의 시로 보내듯이
헤어짐엔 시를 별처럼 쏟아 내려야 한다

답시(答詩) 없는 석별

상진 형님 그대는 대한광복회 총사령
조국 독립을 위해 맺은 결의형제는
마지막 별리의 시 한 수로 헤어져야 합니까
1917년 8월 하늘도 땅도 사람도 무덥던 날
열녀보다 아름다운 기녀 어재하의 여관방에서
박상진 형님과 김한종 동지의 송별시를
답시 대신 뜨거운 눈물을 흘려보냈지요

효행을 죽음으로 실천한 이여
그렇게 죽어서는 안 되는 지식인 투사여
악명 높은 칠곡의 친일부호 장승원과
일제 앞잡이 도고면장 박용하를 처단하여
성환과 예산에서 장두한 등 동지들 잡힐 때
어머니 위독 소식에 경주로 달려간 사모곡은
나라와 부모 갈림길에서 선택한 사람의 본분
효도의 시는 그렇게 죽음으로 써야 합니까

우리의 석별이 끝나고 압록강을 넘어
만주에서 형님과 함께 싸울 준비할 때
형님이 잡혔다는 기별을 듣고 달려가
감옥을 부수고 구출하려 압록강을 건넜지만
형님 가족을 위해 손 못쓰고 돌아와서
대구감옥에서 서른여덟 젊은 별 되셨다는
김한종 동지도 함께 갔다는 아픈 시 한수
형님이 계셨더라면 청산리가 외롭지 않았고
아우 좌진도 쉽게 죽지 않았을 거라고
백두산에 서러운 이별의 시 보냈습니다

목숨을 바꾸다

상진아 사랑하는 내 아들아
세상에 어떤 어미가 아들 목숨을 죽여
자기 늙은 목숨을 살리고 싶어 하고
세상에 어떤 어미가 나라 목숨을 죽여
자기 못난 목숨을 살리고 싶었겠느냐
너는 훌륭한 대장부인줄 알았는데
어미의 마음조차 헤아리지 못하고
그리움 하나 넘지 못하는 철부지였구나

비밀결사단인 대한광복회 수장으로
동지들과 함께 친일파 매국노를 처단하여
이미 애국투사들이 다섯이나 잡혀갔고
너의 신분이 탄로나 도처가 감시망인데
더 깊이 머리카락 안 보이게 숨거나
김좌진이 있는 만주로 떠날 일이지
어미 위독하다고 은둔처를 나와서
날 잡아가라 활개 치는 한심둥이 내 아들

내 아들이 조국의 아들이기를 바랬는데
죽어가는 어미가 뭐 그리 대단하다고
나라와 동지들 믿음을 져버린 박상진 너는
어미만 위한 사랑의 죄인이 되었구나

빼앗긴 조국 독립의 그날까지
네가 용감하게 싸우다 죽길 바랬는데
대구감옥 사형장 이슬로 사라지는구나
아 하늘도 무심하구나

골방에서

골방은 춥고 서럽고 가난한 방이다
그러나 꿈꾸는 사람에겐 큰 창조실이다
종로구 관수동 이창양행 독립군 아지트 골방
서울에 올라와 독립의 의지를 불태우던
김좌진의 만주벌 꿈이 어렸듯이
나의 유랑의 날은 언제나 골방 이었다

중국음식으로 유명한 대관원이 있던 그곳은
서대문 감옥과 홍성감옥 3년 세월 시작되고
대한광복회가 무너져 고국을 등져야 해서
압록강을 넘어 북만주를 찾아갔어도
김좌진은 늘 골방을 벗어나지 못했듯이
내가 집처럼 떠돌던 승합차도 골방이었다

십리평 사관연성소에서 독립군을 이끌고
백두산 아래 깊은 숲속을 찾아 이동할 때
가끔씩 머물던 동포마을 작은 골방에서
척후를 보내고 작전을 세우며
끈질긴 왜군과 한판 전투를 준비했듯이
메밀꽃 봉평 홀로살이도 내겐 골방이었다

청산리대첩 후 동지들과 밀산으로 나아가
새로운 개념의 독립운동을 전개하며
금성정미소 안채 골방 고뇌의 나날들과
저 어이없는 박상실의 흉탄에 쓰러질 때도
조국 광복을 위해 차마 눈감지 못했듯이
애국 시 쓰는 내게 세상은 늘 골방이었다

일지매에게

일지매여 그대를 의적이라 했는가
홍길동이여 백성의 친구라 했는가
임꺽정이여 서민의 형제라 했는가

나는 오랜 세월 종이었던 가노를 풀어주고
수 천석 전답을 골고루 나누어준 일로
가문에서 손가락질 미움을 받았지만
다시 꿈나무들을 위해 학교를 세웠다

부잣집 도령으로 부족함 없던 나는
나라를 위해 군자금을 만든 죄로
몇 년 동안 감옥살이에 뼈를 깎았고
서울 뜻있는 젊은이들과 독립을 도모하다
만주벌 나그네 되어 험하게 싸웠다

한번은 전라도 부잣집에 들어가
거금 삼천 원을 내놓으라 큰소리치고
강도짓 한 이 돈을 군자금으로 쓰겠노라
김좌진 이름 밝히고 의형제 맺었다

그대 의적들이 가난한 백성 위한 일이라면
나와 독립군들은 조국을 위한 일이고
일지매여 그대가 활을 쏘고 칼 휘두르며
매화꽃 한 가지 대문에 남겼는데
나는 총 쏘며 청산리 언덕을 뛰어 넘어
호랑이 발자국 역사에 새겼노라

적들

나의 적은 일본군만이 아니었다
대한민국 삼천리 산하마다
일본과 항전하는 독립투사 모두
나처럼 여러 적들을 두고 있었고
보이는 적은 피해갈 수 있었지만
보이지 않는 적은 늘 우리를 괴롭혔다

섬나라에서 건너온 일본군들은
만행 그 자체 외에는 아무 것도 아니었다
약탈 겁탈 수탈… 염병 지랄탈
군인으로 보기에도 사람으로 보기에도
짐승과 경계가 허물어진 잔악함에
한편의 지옥도를 실감하게 하는데
더 두려운 적이 다른 지옥도에 숨어있었다

동족과 동지와 상관마저 배신하는
앞잡이 밀정 매국노들은 보이지 않는 적
추위와 배고픔 극심한 피로보다도
뼛속을 파고드는 내부의 적이 더 무서웠다

이 땅에 살아갈 역사의 후인들이여
영원한 소인배 일본인을 두려워 말라
이제는 비겁한 배신의 무리도 두려워 말라
그대 곁엔 청산리 뜨거운 물리침이 있나니
피 흘리며 먼저 떠난 우리가 늘 함께하리라

핏잎

다른 골짜기 가을 잎들은 분명 단풍잎
청산리 골짜기 시월 잎들은 몽땅 핏잎
우렁우렁 천지가 뒤집히는 소리들
바위 쪼개지는 고함소리
콩 볶아대는 총소리
이승과 저승 경계에서 울리는 비명소리
나무마다 허파 터지고 간 쓸개 쏟아져
피 묻은 눈알이 계곡물에 흘러가면
막 동면에 들던 개구리 가재도 깨어서
무더기로 죽은 쪽발이 병사들에게
어허 이런 왜놈들... 계곡 오염시킬라
더 깊은 샛골짜기로 숨어들던 날

이겨서 철저하게 이겨서 다행이었다
우리 아군 몇 사람 발 삐고 손 긁히고
용감하게 달려가던 병사 정강이 총알 박혀도
목숨에는 지장 없다 고향으로 돌아간다
어서어서 뒷줄은 앞줄 따라잡고
앞줄은 김좌진장군 등 뒤에 바짝 붙어서
우리가 지나는 길에 단풍잎은 핏잎
이대로 저 독립의 벌판 광복의 대하로
마구 마구 달려야 한다
뒤돌아보지 말고 달려야 한다

순결의 영토

북만주 그 시린 순결의 영토에
오래전에 터 잡고 살기 시작한 사람들
호랑이 늑대와 사냥꾼이 지배하던
거친 들 험한 산을 맨손으로 일구며
부딪혀오는 이방인의 설움을 땅속에 묻고
너와 내가 모였네 하나 둘 모여들었네

농부도 눈물 터지면 병사가 되는가
순결의 영토보다 더 순결한 사람들은
최고의 명장을 따라 독립군이 되어서
가족과 순결한 이별을 하고 길을 떠났다

더러운 침략자들 수북한 낙엽처럼 죽어가고
몇몇 순결한 피가 꽃처럼 뿌려지던 골짜기
그 보다 더 순결한 영토가 어디 있으랴
순결한 사람들을 기꺼이 맞아들여서
청산리대첩 역사의 탑을 쌓던 구릉마다
용감하게 싸운 병사들을 집으로 돌려보내는
귀가잔치 마당에 끼어들던 순결한 작별
지금은 잃어버린 백두산 너머 그리운 땅
그들이 심었던 순결한 무궁화꽃은 지고
강변에 풀꽃들만 어울지며 피어나겠네

빛나는 태극기

나는 왜 찢어지기만 하는 거야
나는 왜 피 흘리기만 하는 거야

하양 바탕은 흰옷 입은 배달의 민족
네 귀퉁이 검은 줄은 겨레의 꿈 막대기
둥그런 원 속에 빨강과 파랑 만남은
모든 것을 품고 용서하는 어울림이라면
나를 공중에 매달은 것은 무슨 뜻이었느냐

내가 허공에서 아무리 손을 내저어도
너희들은 회색 싸움질에 목숨을 걸었고
사무치게 펄럭이며 목 놓아 외쳐도
바른길을 비껴 노랑 길 걸음은 무엇이냐

나를 별보다 빛나게 휘날린 사람들
안중근 유관순 윤봉길 김구 안창호
아 청산리 단풍을 섞어 흔들던 김좌진
그들은 장대에 묶기 전 가슴에 묶었고
내가 찢어지기 전 먼저 찢어져서
내가 피 흘리기 전에 선혈 먼저 쏟았나니

내가 지구의 끝 하늘에 펼쳐지길 원한다면
먼저 네 가슴에 나라사랑 불을 지펴라
나는 말없이 그 불기둥 안고 타오르려니
너는 마침내 찬란히 빛나는 태극기를 보리라

내가 걷는 청산리

100년 전 그날을 생각하며 걷는
두만강 건너 백두산 너머 청산리는
시리고 아픈 역사의 길만은 아닌데도
내 가슴엔 비수로 살 저미는 슬픔

내 나라 침략한 적과 싸워 이겼다는 것
승리는 그 값진 승리는 별처럼 빛나지만
오직 나라를 되찾겠다고 목숨 걸고 싸웠던
총사령관 그리고 장군들과 독립군 병사들

변변한 가죽 배자나 솜저고리도 없고
단단한 철모 군화 각반마저 없이
배고픔과 추위 사무쳐오는 그리움 안고
방아쇠 당기고 칼 휘두르던 선열들이여

그 무겁던 신음소리 해란강을 흘렀는가
낮에는 숨고 밤에만 걷던 언덕길이나
초겨울 낙엽 지던 돌아갈 수 없는 길에서
몇 번이나 불렀을까 정든 고향 아리랑
꼭 청산리 길을 걷지 않아도 되고
우리 옛 땅 지금은 남의 땅 안 가도 되지만
이 노래는 꼭 불러야만 하네
우릴 위해 떠난 영웅들의 북만주 아리랑을

소년 어른

소년은 동네 삼십여 호 가노들을 불렀다
마당엔 소 잡고 돼지 잡는 잔치가 벌어지고
소년은 묵은 상자를 열고 누런 종이뭉치
종 문서를 노복들 눈앞에서 불살랐다
놀라서 자빠져가는 오랜 세월 노비들은
소년이 나누어준 기름종이를 받아들고
기절 같은 통곡이 산 넘어 메아리쳤다
아아 살다가 살다가 어찌 이런 일이
그들의 손엔 이천 석 소작 받는 논문서가
거짓말처럼 꿈결처럼 들려 있었다

소년의 어른보다 더 어른 같은 행동에
사 오년이 지난 후 전국 독립 선비들이
앞 다투어 김좌진의 큰 길을 따라갔다
석주 이상룡, 동산 류인식, 우당 이회영과
몽양 여운형도 노비를 해방시켰다

홍성 풀려난 노비들은 만주로 떠나는 소년
아니 독립을 가슴 새긴 청년을 따라나섰다
김좌진이 어른스레 존댓말로 만류했다
나를 따라오지 마십시오
언제 죽을지 언제 돌아올지 모르는 길
어서 그대들 가족에게 돌아가십시오
그러나 북만주 행렬에서 들려오는 외침
우리 목숨은 도련님 것인데 이젠 나라 것이오
겨레의 위대한 영웅은 유년도 영웅 이었다

장군의 아들

그는 늘 외로운 늑대처럼 혼자였다
아버지는 북만주에서 일본군과 싸우고
그리운 어머니는 눈물 속에 멀어져서
수표교 다리 밑 거지소년들과 섞여 살면서도
가슴엔 아버지 음성과 울부짖는 조국
호랑이의 고독한 포효가 들려 왔다

사람들은 어깨니 건달이니 하면서
더러는 오야붕이니 깡패니 하면서
신화 같은 발차기와 전설의 주먹으로
더 강한 주먹들과 맞장 뜨기를 바랐지만
우미관 두목 때나 선량으로 있던 국회 때도
그는 아버지처럼 협객행을 원했다

주먹을 신앙처럼 믿는 수많은 풍운아들
종로 명동 동대문 서대문 사단
시라소니와 야쿠자 공산당 주먹까지
그들은 김두한이 만나야 할 운명적 사람들

그는 김좌진 장군의 아들로 살고 싶었다
정치 협잡꾼과 정치 깡패들을 밀치고
아버지를 죽인 공산당을 때려눕히며
청산리에서 승리한 아버지의 투혼으로
받아라, 불의한 이념에 이골 난 영혼들아
높은 분들 정장에 누런 오물 뿌리고 돌아섰다

소행성

나는 전깃불도 없는 시골에서 태어났다
학교에서 아버지 직업란에 상업이라 썼지만
그저 행상 같은 떠돌이 장사꾼이었고
억압시대 말부터 대한민국 정부수립 때까지
아버지는 딱히 배운 것은 없었지만
서울에서도 삶을 개척하는 지혜는 탁월해서
적당히 남을 속이고 우물쭈물 넘어 갔다

나도 진실이 모자라는 임기응변 삶이었고
사랑의 배신이 바람둥이 뒤에서 일어섰다
진실과 거짓의 경계를 넘나드는 아픔이
중년의 나이에 진실을 찾아 떠나게 했다

나는 그렇게 우주공간을 떠도는 소행성 되어
순국영웅들의 시를 쓰면서 작은 빛을 찾았고
내 가슴에 권총도 맞고 폭탄도 맞았지만
떠돌이의 변명처럼 가식의 꽃다발 속에서
우화하지 못했던 진실을 갈망할 적에
김좌진 장군을 만나 그 칼에 깊이 찔려서
꼬리처럼 남아있던 거짓을 도려냈다

내가 만약 우주의 기운이 다해 떨어지면
역사의 청산리 숲에 뛰어내리고 싶다
진실만 가득하던 싸움터에는 눈물도 진실이고
나뭇잎 풀벌레도 진실 속에 피고 질 것이라서
촛불 같은 별빛이나마 청산리를 밝히고 싶다

청동상 대독

이놈들, 이 싸가지 없는 것들아
내가 너를 위해 어떻게 했는데
청동 콘크리트에 가둬놓고 뭐하는 것이냐

나는 아직 태어나지도 않은 너희들에게
눈알도 뽑아주고 심장도 꺼내주었고
수북하게 남은 삶도 반납했거늘

내 조국 바로 위 하늘에 편히 있는 나를
동상인지 우상인지 만들어 불러놓고는
쪽발이만도 못한 밀정 앞잡이 매국노처럼
옛일은 홀딱 까먹고 쌈박질에 미쳐있으니
어미 아비들은 너를 어떻게 키웠는데
너나없이 잘났든 못났든 귀한 아들딸이건만

이제 내 동상 앞에서 제발 싸우지 말고
광화문 종로 명동거리에서 춤추며 놀아다오
효창공원, 홍성로터리광장, 아우내장터...
거리마다 공원마다 수많은 기념관마다
서로 이끌고 눈물지으며 사랑해다오

네가 나라 없는 거리를 방황할 때마다
나 모든 독립투사를 대신해서
청산리 전투마 타고 혼내주러 가고 싶다

김좌진 청동상 절대대독

밤길을 걷다

서둘러라 가을이 오고 있다
체코군 망명부대 라돌라 가이다 장군이
우호적인 싼값에 최고의 무기를 넘기는데
7월부터 시작된 러시아 숲속 무기운반이
어느덧 8월을 넘기고 있는 것은
준비한 루불화가 혁명으로 휴지조각 되어서
신권을 준비하는 엄청난 모험이 따랐지만
무거운 무기 몇 자루씩 안고 국경을 넘어
9월9일 사관연성소 필업까진 도착해야 한다

소총 권총 기관총 수류탄에 실탄까지
천이백 명 대한나라 사관학교 동지들을
일일이 최강의 전사로 무장시키려면
낮에는 숨고 밤에는 무섭게 걸어야 한다

가난한 동포들이 지어준 고마운 밥
그 눈물겨운 정성으로 지친 몸 추스르고
일본군과 소련군 중국마적을 피하여
별빛을 밟으며 십리평으로 걷는 발길에서
얼마 후 청산리에서 시작될 전투
절대승리의 전설로 불리어질 승전가가
소리 없이 대원들을 파고들고 있었다

김구가 김좌진에게

동지여 장군이시여
만주 덕원리를 시작으로 펼친 꿈은
대한민국 임시정부가 쾌히 승낙한
국군의 뿌리 대한군정서의 총사령관으로
일본군과 끊임없이 맞붙은 정규군 이었지요

북로군정서라고 불리기도 한 대한군정서
청산리는 영웅을 맞을 준비를 끝냈고
애국심이 용광로처럼 피 끓는 투사들로
그 가을의 승리는 시작되고 있었지요

그대가 청산리에서 값진 승리를 거둔 뒤
임시정부 요청에 따라 우리와 함께했더라면
공산주의자들이 감히 목숨을 넘보지 못했고
방앗간 뜨락에 숭고한 선혈이 흐르는
만고에 가슴 아픈 일은 없었을 것을

내가 13살 위지만 험난한 시기에 태어나
젊은 우리는 빼앗긴 나라 되찾으려고
나는 상해로 그대는 만주로 떠났지만
서로 그리워하면서도 함께하지 못한 슬픔
광복의 햇살도 못보고 떠난 영웅이여

우리가 살아가고 아들딸들이 태어날 나라는
목숨 바쳐 지켜도 아까울 것이 없어
수많은 독립투사들이 그 길을 갔듯이
그대와 나 씨앗 한 줌 뿌려가는 것이겠지요

김을동 이야기

할아버지 김좌진 장군 아버지 김두한 의원
아들 국민배우 송일국 대를 이어
손자인 대한, 민국, 만세 삼둥이에게
늘 청산리 이야기를 들려준다 했습니다

할아버지처럼 모든 가산을 털어서
애국의 동아줄을 잇는데 흩어버렸고
안방극장 인기 높은 국민배우이면서
아버지처럼 선량들의 국회에 나아가
목소리 높이고 눈을 부릅떴어도
예나 지금이나 변한 것 없다 했습니다

모습은 고운 할머니 미소는 문학소녀
여자들 선호하는 반지 목걸이 귀걸이 팔찌
평생 그런 보석이나 금붙이 걸지 않았고
땅 사고팔고 재산 불리기 싫어했던 것은

돈 생기면 할아버지 옛일이 생각나서
가노 해방하고 재산 나누던 일이 눈물 나서
이웃을 살피고 돕던 한평생 이었습니다

살던 집 담보 내어 월세로 앉은 뜻은
중국 만주에 한중우의공원 기념관 지어서
장군을 따라 청산리에서 순국한 영웅들
고귀한 정신을 후손들에게 전하고 싶었고
장군의 시를 쓰는 시인의 손 잡아준 것은
만주 일들을 세상에 알리라는 뜻 이었습니다

낡은 옷을 보며

사람들은 옷이 날개라며 새 옷을 원하는데
나는 멋진 백화점 옷은 비싸서 지나치고
길거리 옷은 필요가 없어 구경조차 안 한다
내게 있는 옷만으로도 평생 입을 수 있어
아니 그 옷들 다 못 입고 떠날 것이기에
벽 한쪽에 걸린 옷을 버려야 할지 고민이다

사람이 늙어 가는데 낡은 옷이면 어떤가
깨끗이 세탁하여 다림질해서 입으면 되고
뜯어진 곳 꿰매어 입으면 그만인데
입을 옷이 없는 것처럼 두리번거리지 말 것은
어차피 내가 사 입은 옷은 손가락 꼽고
누군가에게 얻어 입은 헌옷들이라서
그냥 입다가 버려도 아깝지 않아서 좋다

청산리에서 싸우던 독립군들에게
내게 있는 두세 개 솜옷이 있었다면
초겨울 추위에 낙엽이불 덮지 않았을 테고
내게 있는 외투를 독립군에게 입혀드렸다면
그 밤은 따습게 잠들었을 것이다

일 년에 한 번도 안 입는 옷이 저리 많은데
뼛속 추위와 끈질기게 따라붙는 왜군을
무명옷으로 겨우 감싼 채 싸웠던 님들은
피 묻은 옷 그대로 별나라로 떠났지만
지금은 곱게 빛나는 별옷을 입고 있듯이
나도 주섬주섬 낡은 옷으로 거리에 나선다

쪽 팔리다

쪽팔려서 못 살겠네요
한국엔 문학 우리문학이 없나요?

아니 그건 절대 아니지요
세계 어느 나라보다 우수한 문학이 있거든요

아시지요?
고구려 백제 신라 고려 조선시대

헌화가 정읍사 사모곡 가시리...
정과정곡 서경별곡 청산별곡 사미인곡

단심가 명월가 다정가 송인...
나라를 위하여 부모를 위하여 사랑을 위하여

근대문학에서 현대문학까지
피고 진 꽃잎에 송송 피맺힌 문인들

근데 아랫동네 옆 동네 윗동네
제일 큰 노벨문학상 몇 개씩 받아 챙겼는데

우와 쪽팔려서 못 살겠다
그들 문학이 한국문학보다 낫단 말인가

정말 쪽팔려서 못 살겠다
그들 언어가 어찌 한글보다 낫단 말인가

진짜 쪽팔려서 못 살겠다
그들 침략자들이 순국영웅보다 낫단 말인가

독립 시인

그대에게서 시인 향기가 납니다
머물렀던 자리도 아름답지만
떠난 자리가 영원히 아름다운 당신

독립을 위해 싸운 분들은 시인이었습니다
마지막 피 한 방울에 섞인 음성은
어느 저명한 시인의 시보다 강렬했고
어느 유명한 시어보다 더 뜨거웠습니다

지금 이 나라에 시인이 많이 있지만
이제는 시인들도 정신 차려야 합니다
가슴으로 쓸 시를 머리와 손으로 쓰다가
눈에 보이는 주변 것들 오려붙이고
시시한 슬픔에다 값싼 보석 쪼개 심어
언어 몇 줄 뒤집고 비틀어 짠 걸로
높이 쳐든 월계관 자랑하지만

까무러쳐 가는 나라 숨통 터보겠다고
심장 꺼내들고 마지막 외치던 그 목소리
넘어져도 일어나 달리던 그 달음박질이
시가 아니라면 세상에 시는 없습니다

대한나라 위하여 목숨 바친 위대한 시
시인이여! 그 시를 함께 쓴다면
뒷모습까지 아름다운 시인으로 남을 겁니다

뼈 없이 잠들다

맨 날 배터지게 먹고
등뼈 부러지게 잠만 잔다면
우리에게 무슨 역사가 있겠는가

코나 후벼 파다가
술 취할 자리 찾아다니면
우리에게 무슨 미래가 있겠는가

뼈마디가 부러졌던 사람들
어디 뼈뿐이었겠는가
눈 코 입 귀도 성하지 않았을 테고
목울대 앞으로 젖혀져 기도 막혀가던
그 사람들은 뼈 없이 만주에 누웠다

김좌진은 왜 죽었을까
홍주벌 사람이 지독하게 추운 만주벌에서

강 건너 산비알 험한 언덕길
말 달리고 총을 쏘며 높은음자리 고함과
밥 굶고 병사들 돌보던 낮은음자리 눈물
어떻게든 겨레의 뼈 세워보려고
목단강 너머 씨 뿌리고 거두어 나누던
금성정미소 총탄에 박힌 마지막 거친 숨
불타는 전선이 더 어울렸던 영웅이여

뼈를 빻았구나
뼈들고는 절대로 눈 감을 수 없어
광복의 날을 위해 뼈를 갈았구나

김좌진 때문에

날마다 내 아픈 삶으로
깊숙한 칼날이 파고들어도
바보처럼 웃었다

둥지를 떠나 늑대보다 고독한 눈으로
저무는 석양을 바라볼 때도
나는 키득키득 웃었다

끝없는 유랑 길 사방을 둘러볼 때나
칠흑 같은 어둠 발길을 헛디딜 때도
피식 피식 웃으며 견뎠고

사랑이 떠나갈 때도
나는 징글맞게 웃었다

내가 아무리 아프다 한들 그분만 하겠는가
내가 아무리 서럽다 한들 그분만 하겠는가

청산리 혹독한 추위와 배고픔 무서움
그리움도 떨쳐버리고 싸웠던 장군과 병사는
그렇게 바라던 광복을 못 보고 떠나서
지금도 그분들 목소리 내 몸에 울려오는데

무엇이 그렇게 슬픈가
무엇이 못 견딜 만큼 아프단 말인가

김좌진 때문에 웃기로 했다
날마다 웃으며 살기로 했다

장군과 만나던 날

장군님 제가 눈물을 거슬러 왔습니다
위험한 동상에서 잠시 내려오시고
갑갑한 동판에서 잠시 나오십시오
악수도 못하게 장군님을 멀찍이 올려놓고
끌어안지 못하게 동판에 단단히 굳혀 놨지만
우리가 만나는 백년 세월 꽃날
오늘 만큼은 장군님 가까이 모시고
손도 만지고 가슴도 부비고 싶습니다

관례를 갓 넘은 초립둥이 시절에
어찌 가노해방을 생각 하셨습니까
꽃처럼 고운 새색시를 남겨두고
어찌 독립 위해 고향 떠날 결심 하셨고
북간도 독립군사관학교 세우려다 체포되어
2년 6개월 감옥에서 고초를 겪으셨는데
만주로 가서 사관연성소 독립군을 양성
청산리대첩 큰 업적으로 전설이 되셨고
대한독립군단 신민부 광복위해 애쓰시다
어찌 공산주의자 암살로 별나라 가셨습니까

사람들은 동상 동판에 장군님을 가두어 놓고
자기의 유익만 찾아 눈멀어가고 있지만
다시 그날의 말발굽소리 삼천리를 울리고
백야 김좌진 독립군 총사령관 깃발아래
민족이 뭉치고 겨레가 굳게 손잡아야 합니다

야간행군

서대파 골짜기 십리평 훈련장 태평촌 사관연성소
제1기 필업식을 마친 내 가슴은 뛰었다
참모장 이장녕 참모부장 나중소 연성대장 이범석
그분들처럼 나도 어엿한 장교가 되어
교장선생님 겸 사령관 김좌진 장군 따라
왜적을 몰아내고 독립을 이루는 꿈
강물 같고 산맥 같은 푸른 소망이었다

일본군을 피해 걷는 야간행군
흑웅동에서 대감자 용부 위자구 지나며
배고플 때마다 미숫가루 한주먹 털어 넣고
물 한 모금 마시면 입 안 가득 겉도는 반죽
목이 막혀 깊은 내장에서 재채기 나올 때
코로 푹푹 쏟아져 나오는 보릿가루지만
누구도 입을 열지 않는 침묵의 행군 길엔
산새도 조용히 둥지 속으로 파고들고
가끔씩 발부리 채인 신발 끄는 소리와
소총 탄띠 단검이 서로 부딪히는
순찰꾼 딱따기 치는 소리만 들려왔다

이 행군 끝에는 필경 전투가 있을 것이다
살지 죽을지 모르는 끝없는 전투보다는
춥고 배고픈 야간행군이 행복할지 몰라도
왜놈에게 빼앗긴 내 나라 되찾기 위해
나의 피와 눈물 청산리 계곡을 흐르고
나의 소총은 북만주 산천을 울릴 것이다

낭떠러지

나는 시방 낭떠러지에 앉아있다
몸이 기우뚱하거나 헛발 짚으면
천길 절벽으로 떨어질 위험에 앉았어도
나는 죽어서도 안 되고
승리할 때까지는 죽을 수도 없는 운명

나는 백야 김좌진이다
내 등 뒤엔 사랑하는 조국이 있고
충성스런 따름이들과 번뜩이는 칼
내게 주어진 시간은 시월의 단풍 숲

하늘이 도우면 나는 이길 것이다
하늘은 땅 수풀 나무 바람
땅거미까지도 다스리고 지배하기에
일본 군대쯤이야 물리치지 않겠는가

나는 벼랑에서 꼿꼿이 일어선다
청산리 팔 십리 다시는 안 가고 싶어도
적들의 무덤과 동지들 함성이 있어
달려가는 내 발자국이 지축을 흔들 때
왜군이 물러가고 광복의 날이 올 것이다

나 청산리 울음 울던 김좌진이지만
너도 언제나 나일 수 있다

일본 약

오래 동안 아파왔던 피부병에
외국의 약을 바르며 참 좋아져서
우리나라는 왜 이런 약을 못 만들지?
하다가 깨달았다
미국이든 유럽이든 외국에서 만든
좋은 약을 수입해서 쓰면 된다
우리는 다른 병을 치료하는 약을 만들어
나눠 쓰면 되는 것이다

그러나 내가 죽을병에 걸려 있을 때
오직 일본 약만이 나를 치료한다면
나는 그냥 죽을 것이다

일본 약 먹고 발라서 몇 년 더 살다가
하늘가면 내 시의 주인공들 어찌 만나랴
그분들이 회유와 협조라는
지독한 일본 약 안 쓰고 그냥 가셨듯이
나도 당연히 그러하리라

일본 것이라면 사족을 못 쓰는 그대여
살아서도 나와 내 주인공 옆에 오지 말고
죽어서는 더더욱 오지 마라
이 땅에선 같은 핏줄이기에 넘어가도
하늘세상은 전혀 다른 세상
잘못하면 앞잡이 밀정 친일파 매국노
나까지 오해받을까 걱정되어서다

승전기념일

1945년 8월 15일은
일본에게서 나라를 되찾은 광복절
그날은 우리의 승전기념일이 아니다
일본은 종전기념일이라며
침략과 약탈을 어떻게든 지우려하지만
그날은 일본의 패전기념일로 불려야하고
패전국으로 피해국에게 배상을 시작하는
배상기념일 이어야 한다

우리에겐 승전기념일이 며칠 있다
안중근의 단총이 불을 뿜던 10월 28일
유관순의 만세가 하늘 찌르던 4월 1일
윤봉길의 폭탄이 태양을 가르던 4월 29일
김구가 업고 다녔던 임시정부수립 4월 11일
그리고 김좌진 청산리대첩 10월 21일
어디 그뿐이겠는가

서대문형무소 여순감옥 수많은 감옥에서
독립투사들이 만세소리로 숨 거둔 날들이
대한민국 승전기념일이다

일본의 지도자들은 대대로
우리 승전기념식에 엄숙히 참석하여
조상들의 죄를 이어 짓고 있는 잘못을
자백하고 사죄해야 한다
영원히 종전기념일 따위는 생각도 말고
이제 사람답게 살아갈 준비를 해야 한다

눈을 떠라

이제 눈을 떠라
독기어린 눈
미움어린 눈
원망어린 눈은
아주 감고

김좌진 장군처럼
청산리 눈을 떠라
겨레의 눈
화합의 눈
미래의 눈을

눈을 뜨지 못 함은
사랑이 없어서다
민족이 없어서다
희망이 없어서다
불쌍한 안개 속 사람아

눈을 뜨면 보일 것이다
별 꽃 바람
기쁨이 샘솟는 새벽과
항상 내 곁에 있는
너무도 소중한 사랑이

이순신이 김좌진에게

그대도 들었는가, 칼의 울음소리를
나의 후인 백야 김좌진 장군이여
외로워도 외로워해선 안 되는 우리에게
명량과 청산리는 외줄에 걸린 운명
나는 바다에 그대는 청산에 누웠나니
바다도 내 나라 청산도 내 나라

가야하네, 가야만 한다네
바다든 청산이든 한 몸 한 정신
우리가 서 있으면 겨레도 멈춰서고
우리가 망설이면 민족이 뒤뚱거려
젊은 병사들을 이끌고
다도해를 오르내리던 나의 투혼
청산리 골짜기 누비던 그대 투혼
목숨으로 나라를 지킬 때까지
죽어서라도 가야한다네

태워야 한다네, 숯덩이로 타올라
마지막 재 한 줌 남지 않아도
서럽지도 분하지도 않게 후회 없이
나와 그대가 태어난 나라
우리 아들딸들이 살아갈 나라
육신을 넘어 영혼까지 태워야 하네

김좌진이 이순신에게

삼백년 세월을 거슬러 장군님을 뵙습니다
아산이면 제 고향 홍성에서 지척인 이웃
장군님이 묻히신 음봉면 삼거리 묘소나
제가 등 댄 청소면 양지바른 무덤도
같은 바람 불고 같은 구름 흐르는 곳

삼도수군통제사로 긴 칼 휘두르며
이억기 나대용 어영담 수많은 명장들과
거북선 판옥선으로 다도해를 누비셨는데
저는 북로군정서 독립군 총사령관으로
이범석 김훈 나중소 부하 장수들과
북간도 청산리 산야를 싸우며 달렸고
장군님은 남해 관음포 굽은 바다에서
왜군 유탄에 하늘 길 가셨는데
저는 해림시 산시진 금성정미소에서
공산당원 흉탄으로 은하길 밟았습니다

장군님의 장병이 조선수군으로 적과 싸워서
왜군을 무찌른 불패의 신화를 만들었듯이
저의 천육백 명 생도들도 훈련을 마치고
정규군으로 연전연승 왜병을 무찔렀습니다

장군님 양택도 유택도 저와 너무 가까우니
조국에 다시 폭풍 부는 날은 물론이거니와
별들이 높새바람에 뒤척이는 밤이면
독한 술 한 병 들고 밤마실 가오리다

내가 태어난 나라

나는 내가 태어난 나라가 참 좋다
산 강 들 바다가 넉넉하고
어질고 잘생긴 사람들이 사는 나라

내가 아프리카 검은 피부 곱슬머리도
저 총싸움하는 북미 대륙의 총잡이도
칼로 누구를 정복하는 유럽 검투사도
적도 태양 아래 반바지 맨발 매무새도
너무 추워 보드카로 귀볼 달구는 것도
알프스 산맥 양치기로 요들송 부름도
아 침략과 노략질 대명사 이웃나라도
나는 태어나지 않은 것이 얼마나 다행한가

누구든 대통령 되고 누구든 대통령 욕하고
꿈꾸면 이루고 꿈 접어도 이상하지 않고
마음껏 사랑하고 마음껏 사랑받고
세계 어디를 가든 손가락질 받지 않는 나라
아 무엇보다도 고난을 딛고 일어선 나라

이순신 거북선타고 다도해 가르던 나라
안중근 침략의 흉수를 나무라던 나라
유관순 핏빛 태극기로 만세 부르던 나라
윤봉길 불의에 정의를 직접 가르친 나라
김구 나라를 등에 업고 싸우던 나라
김좌진 말달리며 적들을 호령하던 나라
아 별처럼 많은 독립투사들 숨져가던 나라
나는 이런 나라에서 태어난 것을 감사한다

추우세요?

추워요?
배고파요?
힘들어요?
미칠 것 같아요?
죽고 싶어요?

그럴 때마다 한 번만
100년 전 청산리를 생각하세요
그곳은 이미 겨울이 시작되었고
먹을 것도 다 떨어지고
왜놈들은 쫓아오고
산길은 멀고 험했지요

어떻게 했으면 좋겠어요?
그냥 무너져 내리면
아무것도 할 수 없지만
김좌진 장군과 북로군정서 독립군들
배고프고 춥고 힘든 길을 넘어
비로소 역사의 영웅이 되었듯이
그걸 넘어야 되지 않나요?

참고 견디고 이겨내면
승리가 있어요
그게 바로 우리 핏속을 흐르는 힘
청산리대첩이거든요

사랑의 현주소

당신은 그렇게 떠났지만
내 사랑의 현주소는
눈물로 흘러내리는 지금

내가 어느 저문 길을 걸어도
그리움의 현주소는
가슴에 박혀 녹슬어가는 쇠말뚝 지금

내 곁에 당신이 없다고
꽃잎 지듯 떨어져 내리면
내 사랑은 흔적조차 사라질 것 같아
당신을 잊지 않으려고 발버둥치는 지금

과거라고 하기도 하고
역사라고 부르기도 하는
김좌진의 청산리산림을 향하여
나라 위해 목숨 바친
순국영웅과 독립투사들
이름 없이 죽어간 겨레의 혼을
다시 꺼내 써야하는 지금이
엄연한 내 사랑의 현주소

내 몫의 사랑

내 몫의 사랑만 주오
나 아닌 다른 사람에게 줄 사랑은
빠짐없이 일일이 챙겨주고
내게는 작아도 되는 내 몫의 사랑
그믐달 사랑을 주오

조국, 동지, 부하 장병, 동족까지
나누고 찢어야 할 사랑 많고
압록강 두만강 해란강 목단강
불러야 할 노래도 많고
백운평 맹개골 어랑촌 고동하
기억해야 할 땅들의 이야기와
백두산 연통바위 천보산 봉밀산
메아리치는 청산의 외침 들어야 하지만
아직 그대 몫의 사랑은 남아 있다오

왜 내게 뭉치사랑 주지 않고
마늘쪽 같은 사랑만 주느냐며
초승달 사랑에 흐느끼는 이여
별빛 고급사랑에 눈을 뜨시라
그대 앞에 물결쳐오는 깊고 큰 사랑
알토란같은 그대 몫의 사랑은
내가 그렇게 목 놓아 부르던 겨레사랑
내가 죽어도 남기고 가는 영원사랑

백운평 슬픈 전설

위대한 승리와 양민이 학살당한
슬픈 전설의 백운평
청산리대첩 첫 격전지 직소택으로
해란강이 발원하여 흘러내리고
가벼운 부상자만 낸 김좌진의 독립군과
수백 명이 몰살한 일본 정규군의 전투

물안개 구름안개 드리워진 백운평에
다섯 방향으로 군대를 매복시키고
천혜의 계곡으로 들어온 적군을 기다려
냇물과 폭포를 가득 메운 승리의 서곡
1920년 10월 21일 9시부터 두 시간
자기들끼리 죽이고 죽던 왜군 병사들

김좌진 장군은 갑산촌에서 전열을 가다듬고
야마다 대좌는 패배의 분노로 눈 뒤집혀
죄 없는 마을사람들을 학살했다
백운평 동포의 마을마다 총 쏘고 불 질러
어린아이부터 아녀자 노인까지
수백 명을 죽이고 독립군을 사살했다 했고
독립군이 도주하며 저질렀다고 거짓말했던
세상에서 가장 더러운 군인 살인마들

그들이 일본인이다
패배를 학살로 뒤엎은 백운평 만행이
천년만년 부끄럽지 않은가

화톳불 옆에서

나는 과거로 가는 역사특급을 타고
100년 전 1920년 10월 북만주를 달린다
천보산 남쪽 개울가에 십리평이 펼쳐 있고
산속으로 깊은 산속으로 파고든 실향민들
오두막이어도 동족의 인정이 숨쉬는
어느 따슨 아랫목에 김좌진 장군이 보이고
길 떠난 북로군정서 독립군들이 모여 앉아
며칠 뒤면 맞닥뜨릴 왜군을 화두로
마른 검불 장작더미에 화톳불을 놓아서
나도 슬그머니 옆자리에 끼어들었다

황덕불이라 하는 화톳불은 불보라가 심해서
더러 우등불이라 하는 사람도 있지만
불소나기 내리는 잉걸불 불등걸이나
손불 쪼이기 마침인 모닥불보다도
불무지가 정겹게 사람들을 불러 모은다
잿불이 되기 전에 알불을 토닥거려서
불쏘시개 뭉쳐 불꾸러미로 옮기면
숨넘어가던 깜부기불은 꽃불로 타오르는데
청산리를 목전에 둔 독립군 병사들은
동포의 마을에서 초겨울 밤을 지내고 있었다

나는 새벽특급을 타고 현재로 돌아왔다
김좌진 장군과 독립군들이 밤새 피우던
아 겨레의 화톳불을 놓고 싶다
꺼질 줄 모르고 타오르는 혼 불을 놓고 싶다

짚신 백화점

그해 가을 청산리는 짚신 백화점
해란강 샛강을 지나 작은 여울 건너서
백운평 어랑촌 계곡 길을 오를 때
물안개 피어오르는 짚신들의 행진

소총을 비껴 멘 독립군 신발은 그랬다
짚새기를 솜누더기 발싸개로 동이고
짚을 꼬아 만든 목이 긴 동구니신
추위를 견디려 발목까지 올라오는 멱신
부들이나 가죽으로 거칠게 짠 삼신 미투리

비단 가죽 곱게 엮은 태사화가 신고 싶다
결혼식 때 신었던 목화라도 있었으면
아니 운혜 당혜 양반들 평상신은 아니라도
탑골에서 만든 탑골치 미투리도 그리운데
버드나무 오리나무 나막신 끄는 소리

겨울 추위보다 무서운 왜놈들이 올 것이다
찢겨진 짚신 사이로 피가 흐르고
카키색 무명 홑겹 군복에서 목숨 흐르면
나라를 지키던 독립군 병사들과
북로군정서를 이끌고 싸우던 김좌진 장군
떠나간 자리마다 흘러내린 짚신 쪼각지는
청산리 팔 십리 길 물들이던 짚신 백화점

승리 폭포

산이 높으면 깊은 골로 폭포가 떨어져
사람들은 큰 산을 찾지만
전쟁이 나면 은둔지 매복지 격전지
우리의 영산들은 아픈 상처 매달고 있어
오늘도 설움 씻어 내리는 맑은 물줄기들

백두산엔 비룡 옥계 사기문 형제 폭포와
60여개 크고 작은 폭포가 들어차고
한라산 줄기로 천지연 정방 원앙 천제연
수많은 폭포가 바다로 흘러드는 바다 폭포
금강산 일만이천봉 구룡 비봉 옥영 십이폭
셀 수 없는 폭포들이 숨어 흐르는 장관
설악산 토왕성 대승 비룡 등선
외설악 내설악 50여 폭포가 반짝이면
지리산 구룡 불일 대륜 무제치기
영봉마다 이름 없는 무지개 어려 오는데
북만주 청산리에 승리폭포 하나가 있었다
왜놈 시체 쓸어내리던 직소폭포

너 댓 길이나 될까 열 길은 못 되어도
급경사 바위언덕 쏟아지는 독립군 총탄
도망자 없이 몰살당한 수백 왜군은
직소택에 떨어지는 낙엽처럼 쌓여만 갔다
김좌진의 일성 독립군의 함성
언제 어떤 폭포를 만나든 다시 보아라
청산리 백운평 계곡 직소의 승리와 눈물을

일본 연구 중단

내가 수십 년간 수천 편의 시를 쓰면서
이처럼 무모하고 천박하고 으스스한
시제를 달아볼 상상조차 못했는데
저 야만과 비겁과 음흉의 극치에 대하여
이 끔찍한 서두를 꺼낼 수밖에 없었다

한때는 일본을 심층적으로 연구하고 싶었다
일본사람이 밉고 곱고를 떠나서
왜 그렇게 못되게만 사는지 이해하고
대한나라에 저지른 짐승 짓도 용서해야지
그것이 내 일 중 하나라고 여겼다

그러나 청산리 싸움을 역사에서 지우는
그들은 상식도 도리도 없는 족속이고
목적 없이는 누구를 돕거나 믿지 않는
약육강식 강탈법칙이 무자비한 핏속에 흘러
인류에게 고통스런 해충민족 임을 알았다

유사 이래 714번 우리를 침략하고도
세계대전 전쟁광으로 우방의 적이 되고
아시아대륙 수많은 양민들을 학살했는데
세세한 사건까지 열거하면 울분이 치솟아
일본 연구 그 기억마저 지우고 싶다

백야 생가에 가면

대지가 호수처럼 둘러쳐진 마을
백야 김좌진 장군 생가에 가면
영웅의 유년이 바람마다 묻어나고
독립을 위해 떠나야만 했던
끝내 죽어서도 편히 못 돌아온
역사의 눈물이 흙마다 젖어있다

조신한 생가와 사당 앞 들녘에는
밤새 쏟아진 별빛이 식량을 키우고
교육에서 독립으로 번진 꿈 뭉치 하나가
백 년을 흘러내리는 갈산면 행산리는
언제나 맑은 노랫소리 들려오는 곳

소년은 큰 뜻을 위해 고향을 떠나
서울 살이 젊은 투혼 가슴에 품은 채
백두산 너머 북만주의 별이었다가
청산리 왜적을 호령하던 전장의 신
겨레의 가슴에 새겨진 전설이 되었다

백야의 생가에 가서도 그저 멍한 사람
먹는 것밖엔 아무 생각이 없는 사람
여기까지 욕심만 가득 챙겨온 사람은
희망도 미래도 진정한 사랑마저 없나니
거룩한 이 터에서 손과 무릎 모아
영웅의 탄식소리 영혼에 담아야 한다

단단한 여자

단단한 여자가 좋다
슬픔에도 단단하고
기다림도 단단할 적에
죽음에서도 단단한 여자

처녀 같은 나이에 남편을 생이별하고
논밭에 나락 심고 당추 심고
베틀 당기던 길쌈도 지쳐 가면
쌍둥이방망이로 다듬잇돌 부수던 장단은
지독한 그리움에 어처구니없이 도는 맷돌
부질없는 해님만 떴다 지는가

독립군의 아내였기에 그랬을까
청산리 장병의 아내라서 그래야만 했을까
한사람이 죽어야 님 바라기 끝나던 여인아
백년 뒤 여인네들은 자기 생각만 해서
쉽게 등 돌리고 밀어내고 떼어버리는
말랑한 삶에 길들여지고 있는 것일까

그대여 박달나무처럼 단단하라
물푸레로 부풀지 않고 뼛속에 단단하라
세월이 변하고 시대가 달라도
사랑도 그대로 그리움도 그대로
옛날 그 여인들처럼 죽음도 그대로

백야(白夜)에 지다

등 뒤에서 총질하지 마라
비겁한 자여
우리의 주적은 침략자 왜놈들인데
사상이 다르고 이념이 다르다고
독립을 위해 목숨 바쳐 싸우던 동족을
숨어서 쏘고 쏜살같이 달아난
고려공산당 오염된 청년 박상실이여
서부영화 한편 못 보았는가
사나이 결투 이야기 못 들었는가

동포와 나누기 위해 쌀을 정미하고
동지를 먹이기 위해 곡물을 거두던
금성정미소 뜨락으로 내리는 겨울 햇살
세상도 어둡고 죽음은 더 어두워
길 잃은 조국, 꿈 잃은 고향
할 일은 많은데 가슴에 박힌 총탄
백야(白冶) 김좌진은 눈물로 떠나는가
북만주별은 그렇게 백야(白夜)에 지는가

등 뒤에서 총 쏘는 버릇 버리지 못하고
동족상잔으로 일본만 배불린 자여
남북을 통일해도 우리 옛 땅이 서러운데
슬픈 전쟁을 일으켜 무엇이 남았는가
청산리대첩 영웅을 죽여 무엇을 얻었는가

청산리 울음소리

길을 나서든 집안에 있든
하루 종일 귓가를 파고드는 소리들
달콤한 유혹 향기로운 속삭임부터
고막을 찢는 낯선 소리 부서지는 굉음

우리가 듣는 것이 아무리 많아도
겹겹이 파도쳐 오는 소리 끊임없이 많아도
우리는 꼭 들어야할 소리가 있다

북만주를 내달리던 김좌진의 말발굽 소리
청산리를 휩쓸던 장군의 칼바람 소리
승리의 함성에 섞여가던 독립군 울음소리

청산리는 그날 이후 울음으로 남아있다
돌아갈 수 없는 고향 만날 수 없는 사람
한 번의 승리로 끝나지 않은 전투
더욱 잔인하게 이어지는 일본군 만행

진종일 소리 속에 묻혀 사는 우리에게
민족의 가슴에서 들려지는 청산리 울음이
들려지면 진정 들려지기만 한다면
우리에게 아직 희망이 있는 것이다
청산리를 뛰어넘는 승리가 있을 것이다

잠들어라

고이 잠들어라
청산리 험한 골짜기 나라 위해 싸우던
동지여 전사여 군인이여 독립투사여
거칠게 내뿜던 숨소리도 잠잠하게
두만강 너머 그리운 고향도 훌훌 털고
보고픈 부모형제 가슴에 감싸 안은 채

편히 잠들어라
어머니 자장가 같은 아리랑 가락 들으며
누이의 손길 같은 시냇물 따라서
해란강 긴 강줄기로 곤히 잠들어라

밤은 어둡고 길은 멀구나
백년이 넘는 세월 뒤에 누가 깨워도
신세대 청산리 전투가 시작되어도
그대처럼 잘 싸울 후손들에게 맡기고
역사의 깊은 잠 영원히 깨지 말아라

우리와 맞싸운 일본은 가라앉을 것이다
한때는 반짝 우쭐할지 몰라도
더러운 침략 근성 끝내 버리지 않으면
청산리 쓰나미가 섬나라를 삼키리니
별빛 달빛 덮고 포근히 잠들어라

청산리를 찾아서

청산리는 어디 있는 것일까
100년 전 청산리는 백두산 너머
독립군이 일본군을 몰살한 승리의 대명사
세월이 흘러도 어딘가는 존재할 텐데
지금은 어디 있는지 눈 불을 켠다

일본과 맞서는 청와대 국회의사당과
항거하는 거리마다 청산리가 있고
대기업 중소기업 작은 가게들에도
학교 사무실 공장 백화점 재래장터
농장 목장 농촌 어촌 산촌 섬들까지
대한나라 구석구석 청산리 산길
사람들이 사는 곳이면 넘쳐나는 청산리

추위와 배고픔 두려움과 그리움
다가오는 적들을 향하여
나무나 흙더미 바위 뒤에 숨어서
긴장을 옥조이듯 소총을 마구 쏘아대던
나라를 되찾겠다는 오로지 한 생각

지금도 몰려오는 청산리의 긴장은
우리가 맞싸워야 하는 승리의 현장

내 인생이 언제나 청산리였다

쥐 눈 인간

쥐 눈 박이 인간들이 살고 있었다
빼앗긴 나라 되찾으려 목숨 건 독립군을
쥐 이빨로 갉아먹는 무리가 있었다
이 세상에 태어나서는 안 되는 쥐 눈 인간
사만 명이 넘게 일본과 흘레붙고 있었다

같은 나라 같은 동포가 분명한데
일본 끄나풀 되어 수당과 벼슬을 받고
독립군의 동태와 기밀문서 모든 것들을
낱낱이 꼬아 바쳐 독립군을 무너뜨리던
염탐꾼 간첩의 이름은 밀정 이었다

안중근의사 동지로 독립투사였던 사람과
청산리 상황을 일본군에게 알리던 밀정
무엇이 그들의 마음을 흔들었는지 몰라도
그들은 변절자로 쥐 눈 인간이 되었고
이름조차 알려지지 않은 밀정 떼거리가
삼천리강산 중국 전역과 북만주까지
쥐 굴을 뚫고 소중한 보물을 물어뜯었다

지금이라도 쥐 눈 인간들의 실체를 밝혀
억울하게 떠난 독립군들을 위무하고
대한나라 뒤틀린 역사 바로 잡아야 한다

애국의 시간

우리에겐 아직 시간이 남아있다
나라사랑 할 시간이

나라를 밑천으로 장사하는 것은
그런대로 넘어갈 수 있지만
나라 팔아먹진 마라 혀 깨물고 죽어도

소 한 마리가 있고 돼지 한 마리가 있다
소는 굶기고 돼지에게 진주를 주다가
몇 해는 두엄 밭에서 신날지 몰라도
손가락 잘리고 모가지 잘리는 날 오리라
소는 겨레 소 민들레 먹는 소
돼지는 일본 돼지 잡식 다식 돼지

더 사랑하고 싶어도
오래토록 이 땅에 머물고 싶어도
연기처럼 풀어진 시간에 쫓겨
은하의 나라로 떠났던 김좌진 장군
애국의 시간에 천마 타고 다시 돌아와
밀정 매국노 앞잡이를 처단하던 정의로
청산리 베던 칼 솜씨 보여줄 것이다

아직 돌이킬 시간이 있다
왜적을 이롭게 하는 무지 무식 버리고
민족의 등잔에 불붙일 시간이

젊은 눈물

젊은 눈물이 아름답다
늙은 눈물은 자칫 서러울 수 있기에
젊어서 조국을 울어야 한다

김좌진은 젊어서 울었다
나라를 위하여 민족을 위하여
총칼의 소리 가슴으로 들으며
백두산 너머 청산리 골짜기
나무와 바위를 흐르는 냇물에서
하염없이 흐르는 눈물 씻고 또 씻어
영웅의 눈물은 해란강에 섞여 흘렀고
작은 거인이었던 싸울 때마다
가난한 독립군을 이끄는 피안의 여정은
쉽게 그칠 수 없는 눈물의 길이었다

한참 일할 불혹의 나이에 떠난 대낮은
목단강을 따라 통곡의 강물로 흘렀고
역사의 책장마다 눈물 젖어 내려오지만

젊은 눈물 뒤에는 기도 같은 늙은 눈물
눈물은 늙어도 진실한 친구로 남아서
늙은 눈물은 회한이어야 하고
삶을 돌아보는 뉘우침의 지혜여야 하고
남은 세대에게 최소한의 희망이어야 한다

숨어있는 세상

나는 보았다
어둠에 가려져 숨어있는 세상을
보이는 세상 말고 간절히 보고 싶은 세상
그러면 엿보지 않아도 보여 지는 세상
나는 모든 걸 버리고 그 길을 걸었다

나보다 먼저 그 길을 걸어간 사람들
자기보다는 남을 위해 살고
나라를 위해서라면 기꺼이 목숨도 내놓았던
독립투사 순국영웅 그리고 이름 없는 독립군들
지도자나 장군이어야만 빛나는 것은 아니고
옳은 길을 주저하지 않고 따라간 사람은
밤하늘을 수놓는 별이 되었다

나도 별이 되고 싶다
북극성 북두칠성 계명성 큰 별 욕심은 없고
은하강가 모래들을 별빛으로 닦다가
내가 사모하는 대한민국 날마다 바라보며
어떤 때는 고래고래 소리 질러 울부짖고
잘할 때는 손 흔들고 박수치며 신나게 춤추는
칠푼이 팔푼이 모자란 별일지라도
하늘에 가면 숨어있는 세상을 사랑하여
눈 밝은 푸른 별 되고 싶다

재정리 묘소에서

충남 보령군 청소면 재정리 산 50번지
민족의 푸른 역사에 길이 남을
청산리대첩 김좌진장군이 잠들어 있는 곳
사랑의 전설이 숨 쉬는 영웅의 무덤에
나도 사랑하는 사람과 가고 싶습니다
우리 사랑이 폐선처럼 삐걱거릴 때
산새소리 들리는 그곳에 가고 싶습니다

만주 금성정미소 대낮에 공산당 총을 맞고
마흔 한 살 아직 억울한 주검이 누운 산비알
흑룡강성 석두하자에서 시어머니 모시던 때
마른하늘에 벼락같은 남편 부음을 듣고
죽음을 무릅쓰고 먼 길을 찾아가
몰래 무덤을 파헤치던 뜨거운 손길
방물장수로 변장한 봇짐 안에
장군의 뼈를 숨겨 돌아온 아내여
그것은 눈물로도 대신할 수 없는 사랑

요즘도 그런 사랑 만날 수 있을까
얼음강처럼 온기 없는 사랑의 거리에서
어딜 가면 그런 사랑 찾을 수 있을까
아직 마지막 기회가 남아 있을지도 모르는
내 사랑과 무릎 꿇고 묘역에 앉아
큰 사랑 고운사랑 거룩한 사랑
초록 잔디 별빛 보듬듯 채우고 싶습니다

깜부기를 아시는가

세상만사가 그런 거라 하지만요
멀쩡한 보리밭에 까맣게 타들어가
푸실푸실 먼지 날리는 깜부기
보리타작해도 알곡을 얻을 수 없이
버려지는 검은 곰팡이 열매

독립군 속에도 깜부기가 있었다
김좌진장군 진영 깊숙이 숨어서
일본군에게 정보를 넘기며 암약한
밀정들은 발각되어 처단 되었지만
지금도 배신에 익숙한 현대판 깜부기들

독립투사 가족들이 가난하다고 업신여기고
일본을 조상보다 높은 우상으로 받들며
조선놈들은 맞아야 말을 듣는다
엽전들이 하는 짓은 다 뻔하다
한국이 일본을 따라잡는 건 불가능하다

그런 매국노들은 일본을 보며 환장 한다
일본을 보아라 얼마나 깨끗하고 친절하냐
일본에게 무조건 배우고 따라야 한다
저런 강대국에게 맞서는 것은 바보짓이다
정신까지 새까만 학자 정치인 깜부기들

보리피리 만들 한포기 보릿대가 아까워
보리서리 대신 깜부기를 비벼먹던 유년은
우리 민족의 자랑스런 세대로 거듭나서
일본이 무릎 꿇고 비는 날이 꼭 오려니
역사의 깜부기는 뿌리째 뽑혀지리라

땅 양아치

만주는 옛 부터 우리 땅
일본과 중국이 쌈박질 하고나서
일본이 만주를 중국에게 인심을 쓴다
땅 주인은 따로 있는데도

우리나라를 통째로 집어삼키고
땅 따먹기 놀이 재미 붙이다가
패하고 물러났으면 반성 자숙하면서
옛 땅 대마도 무릎 꿇어 반환하고
독도 우리 땅을 입 밖에 내선 안 되는데

염치없는 패거리를 양아치라고 한다
동냥아치는 밥 푼돈을 구걸하는 거지지만
양아치는 건달 흉내 내면서 의리도 없고
양심도 없는 깡패 치한 같은 부류인데
남의 땅을 넘보는 족속은 땅 양아치
일본은 태고부터 대물림되는 땅 양아치

공격용 무기를 만들면 조약을 어기는데도
법을 바꿔서 침략의 막장으로 가기 위해
일본은 자위대가 아닌 전투부대를 만들어
야스쿠니 신사 전쟁마왕을 다시 불러일으키는
땅 양아치가 사는 나라 이웃 섬나라

하루에서 백년

그거 알아요
그리움으로 눈을 뜨면
하루 종일 행복하고
미움으로 눈을 뜨면
하루가 슬픔으로 저문다는 것을

나라사랑 인내하는 설렘도
일상 욕심 가슴 찢는 아픔도
그 하루가 백년을 가거든요

잘 생각하면 보여요
청산리 독립군들 눈동자
밤새 잠 설쳐도 부릅뜬 눈동자
그 아침이 백년을 이어지고
김좌진 장군 푸른 목소리가
이 겨레 천년을 가듯이

우리 아침을 그렇게 시작해요
백년은 우리가 살아온 시간들
천년은 우리가 살아갈 시간들
오늘 하루도 너무 소중한
그리움에 머물다 가기로 해요

아픔에 대하여

아픈 것은 서글프고
아픈 것은 너무나 많다

병들어 아픈 것이 그냥 아픔이겠지만
배고픈 것도 많이 아픈 것이다
그리운 것도 하냥 아픈 것이다
이별은 이별은 가슴 찢어지는 아픔
사랑해선 안 될 사람 사랑하는 것도
펑펑 울어 젖히기에 충분한 아픔

그러나 더 아픈 것이 있다
먼저 떠난 자식을 가슴에 묻은 아픔
눈앞에서 부하들이 죽어가는 아픔
적에게 쫓겨 멀리 도망가야 하는 아픔
아 나라를 빼앗긴 절명의 아픔

아픔은 어떻게든 치료될 것이다
세월이라는 처방도 있고
망각이라는 치료제도 있고
다른 것에 몰두하는 신약도 있어서
상처는 아물어 갈수도 있겠지만
역사는 같은 아픔이 반복되고
다시 빼앗기는 재발도 있다고 말한다
아픔과 대결하기 위해서는
예전 습관을 바로잡는 일이고
영육 간에 단단히 무장해야 할 일이다

홀로 걷는 청산리

한 번은 더 청산리를 넘어야 한다
내 앞에 놓여있는 산 같고 강 같은
무거운 것들을 뛰어 넘을 때
살얼음 가슴으로 다가오는 청산리

변하지 말아야 한다, 지조 일랑은
살점 떨어지고 뼈다귀 부러지는
배고파도 긴장의 끈을 놓을 수 없었던
우리들 삶에 무궁무진한 청산리

사랑에게도 말해야 한다
살다보면 홀로 걷는 길도 있노라고
그대와 나 멀리 떨어져 아플 때
진저리치는 고독을 넘어야만 하는
가슴 아픈 사랑도 고백해야 한다

눈을 들면 펼쳐지는 청산리
어깨 부딪히듯 흔하게 만나는 왜놈들
그러나 맞싸울 청산리는 너무 힘들어
평생을 불태우며 맞싸워야 한다

그대여 아 사랑하는 그대여
진정 청산리 함께 걸을 수 없다면
만나지 않은 것처럼 이별해 주시게
홀로 걸어야 하는 청산리 이별법

새벽에 마주서서

새벽이 시작되던 청산리에는
둥지에 들어서도 잠들지 못한 새들과
낙엽 이불 덮고 잠 설친 독립군들
밤새 내린 된서리에 더욱 차가워진
소총 방아틀뭉치에 달라붙은 손바닥

청산리를 만나기 위해서 그랬을까
나는 언제부턴가 새벽에 깨어 있었다
집을 떠나 유랑하던 그때부터
아니 정확히 시를 만나던 젊은 시절
나는 이미 청산리를 만나고 있었다

진정한 시인의 도를 향해 간다면
눈 부릅뜨고 청산리를 마주해야 한다
전투 같은 서정 살 찢김의 시어로
추위에도 긴장의 땀 흐르던 청산리
번열 같은 언어의 맞불을 놓아야 한다

독립군은 춥고 배고픔에 오그라진
두 팔 두 다리 여명에 비틀어 펴고
곧 몰려올 적들을 기다리고 있었듯이
시인의 새벽은 통념의 적을 기다려
승리의 대낮을 준비해야 한다

청산에 눕다

우리는 왜 청산을 찾아가는 것일까
꽃상여 타고 가든 한 줌 재로 가든
청산만 고집하며 찾아가는 이유는
푸른 나무 같은 영혼을 그리워하는 걸까

김좌진 장군 청산은 멀고 험했다
춥고 아프고 배고픈 긴장의 나날들
독립군의 모습은 죽음의 행렬이었지만
눈은 빛나고 가슴은 뜨거웠다

백두산 넘어 청산리를 지나고 밀산
아니 더 길고 험난한 여정이 계속되었고
어둑시니 같은 일본군 추적을 따돌리려
도깨비불 켜진 청산의 밤길을 걸었는데
쓰러지면 그 자리가 무덤이 된다 해도
하나도 이상하지 않은 청산행

노래도 부를 수 없는 산길을 걸었던
장군과 참모와 용사들이 있었기에
우리는 행복하게 청산을 찾아드는 것이다

살아서 가든 죽어서 가든 청산 갈 때는
청산에 누운 서러운 영웅들을 생각하며
검은 흙 한줌 가슴에 끌어안아야 한다

청산도 섬이 된다

섬에는 어기여차 뱃노래 들린다
닻을 올리고 창해를 노 젓는 소리

청산엔 어화넘자 발자국소리 들린다
바위를 오르고 절벽을 타넘는 소리

다도해 많은 섬들이 둘러섰듯이
빽빽한 산들로 둘러쳐진 청산
그곳에 내가 있으면 내 섬 내 산
그곳이 싸움터면 이윽고 청산리

한 구릉 한 구릉 섬 같은 산
청산은 언제나 구름에 뜬 섬
그 산에서 싸우고
그 섬에서 이겼던 선열들이여

우리네 사랑도 인생도 이와 같아서
고립된 듯 이어지고
이어진 듯 멀리 떨어져 있는
산 산 산
섬 섬 섬

수명 조절

요즘 나는 수명 조절 중이다
나라를 위해 목숨 바친 순국영웅들
자기 수명 못 채우고 떠나셨는데
나만 속절없이 백 살을 산다면 욕심
하늘에서 내게 주어진 사명마치고
허상 같은 일상 훌훌 털어버리고
마른강을 걸어서 하늘에 갈 것이다

이순신 장군 쉰 넷에 남해를 등졌고
안중근 의사 서른둘에 하늘 길 걷고
유관순 열사 열여덟에 하늘나비 되었고
윤봉길 의사 스물다섯 청춘을 접었고
안창호 선생 예순에 태극기를 놓았고
윤동주 시인 스물아홉에 별에 안겼고
김구 선생 일흔셋에 슬픈 총탄을 맞고
김좌진 장군 마흔 하나에 북간도를 떠났다

나 지금까지 잘 살아 왔으니
조금 더 살면서 독립투사 시를 짓고
날마다 기도와 눈물로 추모제 드리다가
미련 없이 님들의 나라로 갈 것이다

그리움에 충실하다

나처럼 그리움에 충실한 사람
가슴에 메아리치는 그리움을 못 견디고
새벽마다 별과 이별하는 사람 있을까

쓸데없이 행복한 나의 그리움을
핏빛으로 뒤집던 일들이 있었고
나는 그 일을 찾아 긴 여행을 떠났다
내 인생의 마지막 여정을

이순신과 명량대첩이 없었다면
안중근과 하얼빈쾌거가 없었다면
유관순과 아우내만세가 없었다면
윤봉길과 홍커우의거가 없었다면
김좌진과 청산리대첩이 없었다면
김구와 한인애국단이 없었다면
안창호와 흥사단이 없었다면

윤동주와 별 바람 시가 없었다면
목숨 바친 대한나라 영웅들 없었다면
내 그리움이 존재할 수 있을까

나라가 없는데 사랑이 멀쩡하고
민족이 슬픈데 그리움이 충실할 수 없어
나는 붉은 핏빛 하늘을 찢어
영웅들의 가슴팍으로 뛰어들었다

겨울 햇살

누군가 떠나서 외롭거들랑
더 지독한 슬픔을 생각하세요

겨울 햇살 풀어 내리는 거리에서
눈을 말했던 여인은 떠나고
방황하던 내 붉은 영혼
햇살처럼 하얗게 바래도록 울었다

그때는 청산리를 볼 줄 몰라서
미숙한 슬픔에 나를 맡겼지만
지금은 어떤 이별도 자신이 있다
모질게 따끔거리는 가슴 한복판에
청산리 마른 햇살 한 줌 던져 넣으면
독주보다 취해오는 푸른 노랫소리

샘물 같은 강물이 돌아나가는
단풍 숲 아니면 낙엽 숲에서
찢어진 햇살이 숨 가쁘게 헤엄칠 때
팔십 리 계곡마다 굽이치는 이별의 노래

이별이든 작별이든 오너라
내 가슴에 타오르는 햇살 잉걸불로
죽음보다 두려운 떠남의 그림자
흔적 없이 녹여서 청산에 묻으리라

뒤로 돌면 꼴찌가

사람들이 다 지나간 뒤
길에 혼자 남았다

사람들이 우르르 간 곳을 보니
음악이 흐르고 잔칫상이 빛나고
금과 은 금강석 옥석 비취석
돈다발 꽃다발 웃음다발
그렇지 그렇게 사는 게 맞는 거지

내가 홀로 남은 곳엔
오래된 낡은 옷들과 닳은 신발
독립투사들이 흘리고 간 땀 보따리
순국열차로 떠난 이들의 눈물가방
남편을 나라에 주고 대신 받은
아내들의 망부석 꿰매던 삯 바늘

나도 여기 진땀나는 것들 놔두고
앞서간 사람들 따라갈까
내가 여기 없어도 뭐랄 사람 없겠지만
나는 사람들 따라가 본지 오래
이미 그들의 세상에서 잊혀 진 사람

그런데 말이야 혹 뒤로 돌게 된다면
꼴찌가 첫째가 되지 않겠어?
한 번쯤은 그런 날도 왔다가지 않겠어?

높고 낮음

산이 높고 낮듯이 사람도 그러하고
들이 넓고 좁듯이 사람도 그러하고
강이 깊고 얕듯이 사람도 그러할 적에
사람은 무엇으로 높고 낮음을
그 최소한의 무게를 재는지 아는가

어떤 사람이 갖고 있는 재물이나
어떤 사람의 지위와 명성
그 사람에게 딸려 있는 조건이 아니고
사람이 다른 사람에게 베푼 사랑
사람이 이웃과 세상에 전한 열정
그리고 그가 나라를 향한 뜨거운 헌신

그렇게 쉽게 결정되는 것이다
역사책을 일일이 뒤져보지 않아도
우리가 존경하는 선열들은 그랬다
김좌진 장군을 돌아보라

태어나서 하늘로 떠날 때까지
무슨 욕심 무슨 사심이 있었는가
겨레를 위해 민족을 위해 동포를 위해
마지막 땀과 피 한 방울까지 바치고
청산을 찾아 청산리로 떠났다

우리가 기리는 높음은 나라사랑
우리가 외면하는 낮음은 자기사랑

그리운 한중우의공원

꿈에서라도 가보고 싶다
만주 땅에 민족의 지붕이 열린 곳
중국 흑룡강성 해림시 해랑로 철남가에
두 동의 건물로 이루어진 백야관과 주몽관
독립군들의 이야기가 전설처럼 모여 있는
한중우의공원에 가보고 싶다

그곳에 가면
한국과 중국이 서로의 역사를 존중하여
일대일로, 동북공정 같은 중국 욕심 버리고
역사와 평화가 공존하는 모범사례 되어
한국 청산리 순례단과 중국 여행자가 만나고
한국의 학자와 중국 역사가가 만나서
큼직한 숙소에 짐을 푼 밤이면
막걸리와 고량주 바꿔 마시고 싶다

백야 김좌진 장군 분신이 아직 그곳에 있다면
말발굽소리에 장단 맞춰 너털웃음 웃고
이제는 춥지 않고 배고프지 않은 독립군들
모닥불 화톳불 잉걸불 죄다 끄고
멋진 양복에 나비넥타이 매고 모여 계시다가
왜 이제야 왔느냐 손잡고 반기시며
장군 알현 길 친절히 안내할 것이다

헤어짐의 버릇

그동안 수 없이 헤어진 것은
네가 아닌 나의 잘못 이었다
힘이 없고 나약하여 지키지 못해
헤어짐을 막지 못한 나의 잘못

왜인들은 왜 자꾸 침략 했을까
공산당은 왜 전쟁을 일으켰을까
얼마나 많은 헤어짐을 만들었는가

나는 일본인도 공산당도 아니고
헤어짐을 그렇게 싫어하면서도
그리움을 가슴에 묻고 살아야 했을까
어째서 버릇처럼 헤어짐을 업고 다녔을까

김좌진 장군 만나며 고쳐졌다
가장 큰 사랑은 나라사랑
작은 사랑도 겨레사랑임을 알고

지금은 속죄사랑 길 간다
다시는 헤어져서는 안 되는
내 나라 내 민족 내 사랑을 위해
오직 나라사랑 길을 간다

청산리가 시인에게

나라 팔아먹은 시인은 오지마라

돈에 혼이 팔린 자, 거짓말쟁이, 사기꾼, 명예에 눈이 뒤집힌 자, 흉악한 자, 도둑놈, 자기 밖에 모르는 자, 식탐하는 자, 색에 미친 자, 도박꾼, 모사꾼, 앞잡이, 변절자, 함부로 말하는 자, 무조건 미워하는 자, 위선자, 밀정

그런 시인은 청산리에 오지마라

당파싸움에 휘말린 자, 놀부 추종자, 생색내기에 익숙한 자, 편협한 자, 깡패, 잘난 척 하는 자, 음흉한 자, 생명 경시 자, 협잡꾼, 음란한 자, 아이를 사랑하지 않는 자, 꽃을 짓밟는 자, 성폭행 포함 모든 폭행범, 하늘이 두렵지 않은 자, 살인자

그런 시인도 청산리에 오지마라
그것이 어찌 시인에게만 해당 되겠는가

겨레시인 성재경 일곱 번째 애국시집 청산리대첩 영웅

백야
김좌진

1쇄발행 2022년 10월 25일

지은이 성재경
펴낸이 정수연
펴낸곳 도서출판 여름
등록 제1998년 9월 2일(제2-2626호)
주소 서울 중구 을지로 20길 32-16
전화 02-2278-6990
E-mail design6990@naver.com

ISBN 978-89-92612-50-0 03800

값 12,000원

저자와의 합의하에 인지는 생략합니다.
잘못된 책은 구입하신 서점에서 교환하여 드립니다.